なぜ元気な会社には補欠がいないのか

会社に一体感が生まれる27のキャッチボール論

上司と部下に必要な27のキャッチボール論

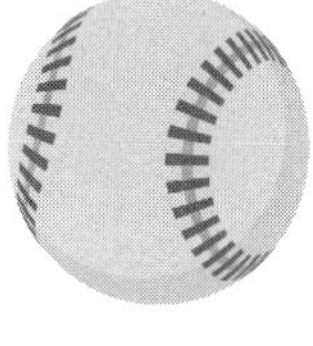

メンタルスペシャリスト
年中夢球 著

あなたは部下の皆さんとコミュニケーションが取れているでしょうか？

あなたの会社には一体感があるでしょうか？

私は平日は仕事、週末は少年野球の指導者という生活を約20年してきました。子供たちを指導していると「あれ？これ会社でも活かせるな」ということがたくさんあることに気が付き、少年野球での指導を会社でも実践し、成功してきました。

今、少年野球の現場は大きな変革期を迎えています。また指導方法がクローズアップされる時代にもなっています。我々が野球をしていた頃のやり方だけでは今の子供たちを指導するのは難しくなってきているのです。

「俺たちの時代はそうじゃなかった」

と言っても残念ながら子供には響きません。

これは会社の部下にも同じことが言えます。

「まったく今時の若者は……」

と愚痴をこぼしたくなる気持ちもわかりますが、それでは何も始まらないのです。

その若者はどうやったらやる気が出るのか。どうやったら会社のために働いてくれるのかを考えたほうが得策のはずです。

本書では少年野球と会社を結びつけて話を展開しています。モチベーションの低い選手（部下）をどうやる気にさせるのか。チーム（会社）をまとめるために必要なこととは。選手（部下）の叱り方・誉め方は……など、ビジネス書に出てくるような難しい言葉を使わずにわかりやすく書いています。

子供と大人の違いはあっても人を動かす力は同じです。ただ、力だけで人が動く時代ではありません。

不思議なもので部下の人間を「説得しよう」とすればするほど説得できないもの。今は「納得して仕事をしてもらう」時代。部下のやる気を引き出すことも管理職やリーダーの大切な役割です。そして、それがあなたへの評価となります。

あなたのちょっとした言葉や行動の変化が部下に大きな変化を与えます。それは会社が変わることでもあります。

本書があなたと部下の人間の架け橋になれば幸いです。

年中夢球・本間一平

「なぜ元気な会社には補欠がいないのか」

CONTENTS

1 会社で「補欠」を作っているのはあなたかもしれない

仕事ぶりに優劣をつけて補欠を作っている

キャッチボール

役割や方法を見直せば別人のようになる

私は野球の指導をしていますが、「補欠」という言葉が嫌いで使いません。

ベンチにはたくさんのベンチワークがあります。

ボールボーイやバット引き、ブルペンキャッチャーに始まり、相手バッターがどこへ打ったのかを指示する選手やランナーコーチャーもいます。

私からすると彼らは「補欠」ではなく立派なプレーヤー。ですから「ベンチプレーヤー」と呼んでいます。彼らがいなければ試合ができませんし、彼らは雑用係でもなければ試合の見学者でもありません。

大切なことは「チームのために」という意識を彼らが持ってくれていなければ、そこにやり甲斐を見つけることもできません。

ですから私は「チームの作り方」というのがとても重要だと考えています。そして、スタメンの選手はベンチプレーヤーがどれだけ大切なのかを感じていなければいけません。

つまり「チームの一体感」がなければ補欠ができてしまうのです。

私がコーチに就任した頃は、人数も少なく正直言って「勝てるチーム」ではありませんでした。

それでもチームに一体感があり、スタメンの選手がベンチプレーヤーを上から目線で見ることもありませんでした。

しかし、チームが強くなり、人数が多くなってくると「上手い」「下手」という見方に変わり、スタメンの選手がベンチプレーヤーを上から見下すようなチームになりかけたことがあります。

こうなってしまうと同じことをしていても「ベンチプレーヤー」ではなく「補欠」として見られてしまうわけです。そういうチームには一体感など出るわけがありません。

では皆さんの会社ではどうでしょうか。部下の仕事ぶりに優劣を付けて社内で「補欠」を作ってはいないでしょうか。社員全員が「プレーヤー」になっているでしょうか。

「プレーヤー」になっているのか、「補欠」になっているのかは周りの眼によって決まります。

周りの人間が「補欠」という視点から「プレーヤー」の視点に変えることで本人の意識が変わってくるのです。

当然のことながら「社内の補欠」という眼で周りが見ていれば当の本人の仕事へのやる気は出てくるはずがありません。最悪の場合、やる気がなくなり、会社を辞めてしまうかもしれません。

少年野球の現場でも「お前は本当に使えないな」と簡単に発言する指導者がいます。

指導者にとって大切なものの一つに「選手の可能性を見つける」ことがあります。ポジションを変えたり、バッティングフォームを変えたりすることで別人のような選手になることもあります。社員も同じです。

その言葉を発する前に今の役割や仕事の方法論が正しいのかどうか、を上司であるあなたが「観る眼」を持つことが必要なのです。

2 部下にやってはいけない叱り方をしていませんか？

感情的になって怒ってしまう

キャッチボール

相手の感情を考えて叱る

少年野球の世界では叱ることが否定され、誉めて子供を伸ばそうという風潮になっています。「子供を誉めて伸ばす」「叱らない子育て方法」などの書籍もたくさんありますが、私には違和感があります。

いいことはいいで誉めて、悪いことは悪いで叱る。

叱る		怒る
相手	主人公	自分
未来	焦点	過去
相手に伝えるために言う	言葉	言いたいように言う
キャッチボール	会話	ドッジボール
今後のことを考えて言う	目的	言わなければ気が済まない
愛情	気持ち	感情

ただそれだけのことだと思っています。私は叱ることも必要だと考えていますし、子供たちが悪いことをした時にそれを見逃すことはよくないことだと思っています。

図で「叱る」と「怒る」をまとめてみました。

自分の感情が止まらずに言いたいことだけを言っているのが「怒る」です。当然そこには相手の気持ちは含まれていません。ですからミスをしたという事実だけを感情的に怒るのです。相手の気持ちを考えずに自分の言いたいように怒鳴る状態。「怒る」の主役は相手ではなく怒っている本人です。

一方「叱る」の主人公は相手です。なぜそのミスが起きたのかという原因を「会話」として掘り下げていくわけです。つまり「叱る」場合は、二人の中に会話があります。叱るときには会話のキャッチボールができています。

怒っている人は自分の感情をぶつけているだけです。ですからミスをしたという「過去」のことだけを感情的に言っているので、「次にこうしよう」という「未来」まで話がいきません。

その結果、同じようなミスが起こり「何回言わせるんだ」「この前と同じじゃないか」とまた怒ることになります。根本的なことが解決されていないことにこういう人たちは気付いていないのです。

自分は怒っているのではなく叱っているのに……そう思っている方もいらっしゃるかもしれません。それは、

①叱り所

②叱り方

この2つに問題があるのではないでしょうか。

①叱り所を間違えないようにする

少年野球の場合、「エラーをしたら叱られる」という叱り所であれば技術的に劣っている選手だけが毎回叱られることになってしまいます。

それなので私はチームの約束事を守らなかった時や手を抜いたプレーをした時に叱ります。全力疾走をしない選手などがこれに当たります。

つまり私の叱り所は「一生懸命やらなかったこと」になります。

会社ではどうでしょうか。毎日、ほかの人よりも多く営業に回っているのに成績が悪い。毎回、時間をかけてがんばっているが企画書の内容が悪い。最近、納品ミスが多い……。一生懸命やっているのになかなか成果が出ない部下もいます。

それを頭ごなしで叱っても彼らの中ではいっぱいいっぱいなのかもしれません。

仕事に手を抜いていれば叱り所ですが「がんばっているのに成果が出ない部下」は方法論がわからないのです。

営業先でどんな話をしているのかを聞いてみたり、時間がある時に同行してみたりすることで解決できるかもしれません。

企画書の書き方を一度先輩にじっくり聞く時間を設けたり、セミナーなどに参加させたりすることによって内容が劇的に変わるかもしれません。

納品ミスが多い部下は心の余裕がなくなっているのかもしれません。一日お休みをあげることでリフレッシュできるかもしれません。


私は野球で全力疾走をする理由を選手に話しています。

ですから全力疾走をしなかった時に子供たちは「納得」するのです。自分が悪いのだ……とわかります。

ということは叱られた相手が納得するところが「叱り所」と言えます。叱り所は、会社やチームの目標達成のためでなければなりません。

間違っても「説得」しようとしてはいけません。説得しようという気持ちが強すぎるとまた主人公が相手ではなく自分になってきてしまいます。

②叱り方は相手を思うことで変わってくる

正直、私は野球の指導者になりたての頃に「叱り方」のことまで考えるとは思っていませんでした。

悪いことは悪いで叱る。ただそれだけでいいと思っていましたが、現代の子供たちと接していると一概にそういうわけにもいかないと感じてきたわけです。

自分では叱っていたつもりが子供にとっては怒られている、と捉えてしまうこともあります。怒ることによって委縮したり、ふてくされてしまう子もいました。叱り所が間違えていなくても叱り方を間違えてしまえば相手の気持ちはまた変わってきてしまいます。ではどのような叱り方がNGなのでしょうか。

①気まぐれに叱る
②感情で叱る
③不公平に叱る

これらの叱り方は相手に不信感を抱かせます。

野球の現場でも同じことをしたのにレギュラーの子は叱られず、スタメン外の選手ばかり叱られるという話もよく耳にします。

感情的に叱ることは、先に述べたように叱るのではなく怒るという言葉に変わります。私は喜怒哀楽という人間の感情の中でこの「怒」という感情を抑えることが一番難しいと思っています。「怒り」になると人間は相手を否定し始めます。

●相手の人格を否定

「お前は何をやっても駄目だな」「お前は本当に使えないな」

●相手の過去を否定

「親の育て方が悪いんだな」「どこの大学を出ているんだ」

●相手の未来を否定

「お前に先はないな」「この仕事、続ける気？」

ミスをしたことを叱り、そのミスをなくすために叱るはずなのに過去のことをほじくり出したり、同じことを何度も言ったりして怒るのは根本的な解決とはなりません。

その上、相手の人格やバックボーンを否定すれば部下の人間たちにいい感情は生まれてきません。

ではどうしたら「怒り」を抑えられるのでしょうか。

怒りという感情は一瞬のうちにきます。それをすぐに口に出してしまえば自分の感情だけの「怒り」になってしまうのです。

部下に言おうとした言葉を一度、心に通してみましょう。

その時に自分の感情ではなく相手の感情を考えることで「怒りの言葉」から「叱る言葉」に変わっていきます。ひと呼吸入れるだけでも感情は抑えられるものです。すぐに言ってしまうのではなく、間をおいてみましょう。

野球でも流れが悪くなった時は「間」を取ります。間を取ることでその後の流れを良くしようとします。

感情的になってしまった時はすぐに言葉にせず、心に一回、その言葉を流し込んで捨てるのです。そして相手のことを心で想い、心を通した言葉で叱れば部下も納得するはずです。

私自身も感情的になりやすい性格ですが、このことを実践してから感情的に「怒る」ことがなくなりました。

また部下に叱ることができないという方がいます。叱る目的は何でしょうか。

会社の目的や目標達成にマイナスになったら叱らなければいけない時です。

その部下の将来のためにも叱らなければいけない時は叱らないといけないのです。叱ることで面倒くさい上司だ、と思われたくない……。叱って部下に嫌われたくない……そんなふうに思っているのではないですか。

叱ると聞くと悪いイメージを持つかもしれませんが「叱らないこと」は逆を言えば部下のことを真剣に考えていないとも言えます。

叱るべき所で叱らなければ部下の将来や成長を閉ざすのです。

また部下に嫌われたくないと思っている上司ほどそれが部下にもわかってしまうものです。その結果、逆に馬鹿にされたり嫌われたりすることの方が多くなります。

叱り所と叱り方さえしっかりしていれば部下に嫌われることもありません。逆に「自分のことを考えてくれている上司」と思われるのです。

3 部下のモチベーションがどこにあるのか知っていますか？

外発的動機で短期間に効果を出そうとする

キャッチボール

自立性・自己肯定感・雰囲気を意識し内発的動機を形成する

モチベーションとよく言われますが、モチベーションを日本語にするとどういう意味になるかご存じでしょうか。

モチベーションは「動機付け」です。

「ホームランを打ったらバットを買ってあげる」

「完封したらお小遣いをアップしてあげる」

こういったいわゆる「ご褒美作戦」をしている親御さんが少年野球には意外と多くいます。逆に、

「学校の成績が下がったら野球に行かせない」

という親御さんもいらっしゃいます。

飴とムチで違いはありますが、これも一つの動機付けと言えます。これらの動機付けを「外発的動機」と呼びます。

「営業の成績が上がれば給料をアップするぞ」

「昇進したらいい車が買えるぞ」

会社で例えるならこのようなことが外発的動機と言えます。

これを部下の人間が、

「給料アップのためにがんばろう」

「いい車を買うためにがんばろう」

そう思えるようになったのであれば、外発的動機としての動機付けは成功したと

言えます。

外発的動機とは別に「内発的動機」もあります。野球で言えば、

「このチームにいられる満足感」

「与えられた役割を全うしようという気持ち」

「目標へ向かう向上心」

などがこれに当てはまります。

会社で言えば、

「難しいプロジェクトを任されている」

「仕事を通して成長しているという満足感」

といったところがこれに当てはまります。

私は野球をしている少年たちには「内発的動機」を意識付けています。

しかし会社で考えると一概に内発的動機だけでいいのかというと難しい問題になります。

それは一人一人の価値観が違うからです。

「ともかくお金のために働こう」と思う人もいれば、「お金は最小限でいいからこの会社で働きたい」と思う人もいるのです。

外発的動機は短期的に効果が上げられるというメリットがあるのも確かです。

しかしデメリットもあります。

売上を伸ばして給料アップだけのことを考えると周りが見えなくなる時がありま す。「自分だけがともかく売れればいい」そんな短絡的な気持ちが先行してしまうと他の社員に有益な情報を流さないといった行動を起こしかねません。

また、商品を買ってくれた取引先や顧客に対して販売後のフォローがなくなったり、いい加減に処理をしようとする社員が出てくる可能性もあります。

こうなると短期的に成果は上がったかもしれませんが、顧客や取引先から信頼を失い、長期的にはマイナスになってしまいます。

そして金銭などの報酬を与える場合、逆効果になることもあります。

企業の資金には限界があり、報酬の成果が低くなったり、なくなったりしてしまうと社員のモチベーションは一気に下がります。

動機付けが「お金」であったわけですからその動機がなくなれば当然のことながらやる気が失われます。

お金以外の動機付けが他にもあればまだいいのですが、お金だけであった場合は会社への不信となり、辞めてしまう社員も出てきます。

ですから外発的動機だけではなく、内発的動機も必要になってくるわけです。

では、内発的動機はどのように形成されるのでしょうか。

①自立性

やらされている仕事ばかりの人間はモチベーションが上がりません。また雑務ばかりというのもモチベーションは上がりません。

先述したように「任せる」ことで自立性が出てきます。

「自分の力でこのプロジェクトが成功したんだ」

そんな思いが出てくれば、中からやる気の炎が付いた証拠です。

②自己肯定感

社員の人間は少なからず「会社のためになりたい」と考えているはずです。

ですからそう思われる会社でなければいけません。

一つ一つの仕事が会社の役に立っているということを部下の人間は実感できているでしょうか。労をねぎらう言葉であったり、行動で「会社の役に立っている」と伝えることも必要です。

そうすることで「自己肯定感」が出てモチベーションアップにも繋がります。

「自己肯定感」は「安心感」とも言えます。不安感があるようではいい仕事はできません。安心感を持って仕事ができる会社づくり、チームづくりが必要です。

③雰囲気

外発的動機だけで全員が仕事をしていると、職場の雰囲気が悪くなることがあります。

「人のことはいい。自分だけ成果を上げればいいんだ」

そんな思いで仕事をしているとコミュニケーションが図れるわけがありません。

「みんなの協力があっていい仕事ができているのだ」

そういう会社は雰囲気がいい証拠です。そう思わせる会社にするのは簡単ではありませんが、目標に向かい、それをひとつずつ実現していけば社員の気持ちが変わってくることを実感できるようになるでしょう。

野球チームも一緒です。「勝たなくても自分だけ活躍すればいい」そんなふうに思っている選手はチームの和を乱し、何かあっても周りから助けてもらえなくなってしまいます。

外発的動機でモチベーションが上がる部下もいるでしょう。


ですが外発的動機だけではモロいとも言えます。

内発的動機を部下の人たちに持ってもらえるようにすることは、外発的動機を持ってもらうことよりも難しいのは間違いありません。だからこそ上司の役目が大切になってくるのです。

余談ですが……「打ったらお小遣いアップよ」と言っている親御さん。彼らはバッターボックスの中でお小遣いアップのことを考えてはいません。

「チームのために打とう」

と思って打席に入っています。

逆に大事な場面でお小遣いのことを考えて打席に入っていたら問題です。

ですから……そのご褒美作戦はまったく効果がないのです。

④「応援」される会社に必要なもの

自分の評価が上がればいいとしか思っていない
↓キャッチボール
応援力のある会社はピンチを救ってもらえる

私はチームの目標を選手に決めてもらっています。大体毎年、

「神奈川で優勝する」

という目標になるのですが、ある年代がとても面白い目標を立てたことがありました。

「全てにおいて神奈川でナンバーワンになる」

というものでした。優勝だけではなく挨拶や道具整理、グラウンド整備など全てにおいて神奈川で1位になろうというのです。

そして彼らの行動は素晴らしいものでした。

グラウンドに来ると全員が道具出し、グラウンド整備を自ら行い、グラウンドのゴミや落ち葉なども全部自ら拾っていました。ある時、彼らが、

「本間コーチ、集合時間を10分早めてもらっていいですか？ グラウンド前の道も掃除したいのですが……」

私にこう言ってきました。

こんなことは後にも先にもこの年代だけでした。彼らの言ってきたように集合時間を10分早めて掃除をしていると私もビックリするようなことが起こりました。

通る人通る人が、

「おっ！ えらいね！」

「いつも町を綺麗にしてくれてありがとうね」

と声を掛けてくれるのです。毎週掃除をしていると顔なじみになる人たちも増えてきて、

「次の試合はいつ？ 応援に行くからね」

「こうやって綺麗にしてもらっているから今度はこっちが応援する番だね」

そう声をかけていただきました。

現にウチのグラウンドで試合をする時はご近所の方々がたくさん応援に来てくれました。その応援のお陰で子供たちが頑張れたことがたくさんあります。

皆さんの会社は応援されているでしょうか。社内だけでなく社外からも、応援されている会社でしょうか。

私はどんな仕事であっても最終的には「人と人」だと思っています。最近は「ウィンウィン」という言葉が多く使われます。自分の会社の利益だけを考えていては応援される会社になりません。


部下の評価を度外視して自分の評価だけが上がればいい、という考えでは社内からも応援されない上司になってしまいます。

またウィンウィンという言葉は二社間を表す言葉として浸透しています。

ある会社と新たな取引きを開始することによってその二社間はウィンウィンの関係になるかもしれませんが、今まで取引きをしていた会社はウィンウィンから外されてしまうことになります。本来であればウィンウィンが二社間だけではなく、その輪が広がればいいのですが、それは非常に難しいことです。

企業には競争があるので仕方がないことですが、取引きを断った相手への気遣いの言葉も大切になってきます。

人も企業もいい時には人が寄ってきます。

ですが業績が悪化した時など流れが悪い時こそ、今まで会社が取引先に何をしてきたのか、お客さまに何をしてきたのかが問われます。

では応援される人や応援される会社とはどのようなことでしょうか。

明るい人間や会社、がんばっている人間や会社というだけでは応援されません。

新人の歌手がテレビに出てきて元気な声で「応援してください」とメッセージを残しただけであなたは応援するでしょうか。その歌手の歌を実際に聴いて、その歌詞に共感するから応援しようという気持ちになるのです。

私はいわゆる「尾崎世代」で尾崎豊さんの歌を10代の時に毎日聴いていました。尾崎さんの歌があれだけ支持されたのはメッセージ力が強かったからです。

また、自分は期限を守らずギリギリで進行しているのに後工程の関連する企業の人には期限を守れと言っているようでは、相手は「一緒に作り上げよう」という気持ちにはなりにくいもの。

もちろん仕事ですから、その遅れた分を取り戻して商品を作り上げるのですが、自分が楽をして、後の作業の人に負担をかけるようなことは不満につながります。上司であるあなたは、会社の中だけでなく、一緒に仕事をしている他の会社の進行にも気を配らないと、いざというときに力になってもらえません。

応援される会社は「何のために」その会社が存在しているのかがはっきりとしていて、それを人々に共感してもらえるのです。

共感を広めるためには発信する力も必要です。

しかし、何のためにという目的がはっきりとしていてもその方法が間違っていれば応援されません。

安さを追求して価格を下げても品物の質まで悪くなってすぐ壊れてしまったら消費者に応援される会社にはなりません。

取引先やお客様のためを考えている企業は自然と応援されるものです。

応援されている会社は逆境を救ってくれる人や会社が出てきます。

だから応援されている会社は強いのです。人生も同じですが、自分が逆境の時に「誰も応援してくれる人がいない」と嘆く人がいます。それは自分が取った行動が跳ね返ってきているだけです。

誰かを本気で応援していた人は、応援される人間になっているはずです。それが「応援力」と呼ばれる力です。

5 トラブルのときに原因だけを突き止めていませんか？

ミスを指摘するだけになっている

キャッチボール

ゴールを明確に設定して方法論をアドバイスする

野球の試合で負けてしまいました。

当然のことながら負けてしまった原因があります。

私は、「練習は治療と予防のために行うもの」だと考えています。試合で起こりうる可能性を予防するのですが、試合ではそれ以外のミスが出てしまいます。今度はそれを治療していかなければいけないわけです。

試合後のミーティングを疎かにしてしまったり、ただ怒っているだけでは、なぜ負けてしまったのかという原因がわからず先に進んでしまうことになります。

ですから次へと繋げるために原因をしっかり見つけなければいけません。

声が出ない選手がいました。毎回ダッシュが嫌で泣いてしまう選手もいました。

こういう選手に、

「なんでお前は声を出さないんだ」

「なんでダッシュで泣いているんだ」

と「なんで」という原因を聞くよりは、

「なんのために」という目的で話を進めていったほうが効果的です。

「何のために声を出すんだと思う？ 声を出したらどんないいことがあるかな？」

「何のためにダッシュをするんだと思う？ 足が速くなったり下半身が強くなるとどうなるかな？」

ともかく声を出せと相手を説得するのではなく、目的をはっきりさせて納得してもらうことです。

仕事でも目的と原因を使い分ける場面があります。

仕事でのミスは当然のことながら原因を突き止めなければなりません。売上の減少や納品ミスなどは、なぜそうなったのかという原因をはっきりさせなくてはいけません。

根性論でどうこうなる問題ではないのです。

野球と同じくミスが出ないように予防と治療をする必要があります。またその原因をチームや部署全体で共有し、同じミスを違う人間が起こさないようにすることも忘れてはなりません。

では目的について話をしたほうがいいのはどういう時でしょうか。


モチベーションが下がっている部下には目的の話をしたほうがいいでしょう。

「なんでやる気がないんだ」と話すよりは、もう一度目的や目標の再確認をすることのほうが効果的です。今やっている仕事は本当に意味があるのか……そう疑問に思っている若い社員は意外に多くいるものです。

野球でも冬の間の練習は厳しいものになります。走り込みや体幹トレーニングなど一見地味な練習が多くなると、この練習が何に結びついているのかがイメージしづらくなるものです。

だからこそ「何のために」ということが必要になってきます。ただ、原因を探ることも最終的には目的化に繫がります。

仕事のミスは原因を探った後に「同じミスがないようにしよう」という目的に変わるのです。

悪い上司は原因だけを突き止めて終わりにしてしまいます。

大切なのはその原因を未来につなげる「目的化」することにあります。

また「手段の目的化」という言葉を聞いたことがあるでしょうか。手段自体が目的になってしまい本来の目的を忘れてしまうことを言います。

よく例に上げられるのがコストダウンです。

本来の目的は「利益率」を上げることです。ところが本来大切である部分までコストを削減することで商品の魅力がなくなってしまい、余計に売れなくなるというケースがあります。

利益率という目的がコスト削減ばかりに目が行きすぎることで「何のために」という本質の部分を見えなくしてしまうわけです。

新入社員の彼らも同じことが言えます。


彼らは会社に入ることが目的ではないはずです。会社にいることが目的でもないはずです。


あなたの会社に入って「人のために役に立ちたい」「素敵な商品を世の中の人のために作りたい」それが真の目的のはずです。

「真の目的」は、ある意味で「ゴール」とも言えるのです。

ゴールは見えていてもそこまでの道のりは一つではありません。

山を登るのも頂上へのルートは一つではありません。また一生懸命歩くだけでもありません。ロープウェイもあるかもしれません。

ゴールまでの方法論を導いてあげたり、目的を見失い始めたら「何のために」と再確認してあげてみることも上司であるあなたの役目です。

目的がないまま仕事をしていたり、目的に疑問を持ちながら仕事をしていたりすれば、それは「やらされている感」だけしか残りません。

こういう部下はモチベーションが上がらずに退職をしてしまうケースもありますから目標を再確認してあげる必要があるのです。

6 あなたの言葉が部下に伝わらない理由

抽象的な言葉では部下は迷ってしまう

キャッチボール

具体性のある目標を設定し数字で示す

私はチームの選手に「目標」の大切さを伝えています。
強い目標であればあるほど行動力が変わってくるからです。
弱い目標では弱い行動力になってしまいます。

子供たちの野球ノートに目標を書いてもらうと、
「ピッチングをがんばる」

「バッティングをがんばる」

こんな言葉が並びます。

目標で大切なことは「具体性」です。ピッチングを「どう」がんばるのか具体的にしてほしいのです。

そして具体性のキーワードは「数字」です。「球速を上げる」より「球速を5キロ上げる」となったほうがより目標になります。これを「到達目標」と言います。

残念ながらここで終わっている選手がとても多いのです。

その到達目標を達成するために作るのが「行動目標」となります。

・走り込みをする
・体幹トレーニングをする
・御飯をたくさん食べる

など……。さらにこれも「目標」ですからここに数字を加えていきます。

・5キロ走り込みをする
・体幹トレーニングを3セットする
・御飯を2杯食べる

そして最後に「いつまでに」という期限をまた数字で決めて「具体的な目標」が作られていきます。

これをそのまま仕事に当てはめることができます。営業であれば今月の売り上げ目標が決まっていることでしょう。「月間売上500万円」これが部下の到達目標と考えられます。大切なのはここからの行動目標です。

最初から上司の人間が「こうしたほうがいい」などと答えを言ってしまったら部下の成長はありません。ですからまずは任せることです。任せるということは部下自身が考え、行動することです。それが後々に活きてきます。

目標達成に到達できない月が続いている部下がいます。その時にあなたの出番です。どういう行動目標を部下の人間が立てたのかを見て一緒に考えるのです。

「1日に回る件数が少ないね。今は10件だから15件を目標にしてみようか」

「回る件数はいいけど新規営業の件数が少ないからルート営業の数を3件減らして新規を3件増やしてみようか」など、

「行動目標」に対しアドバイスをすることが上司の役目です。


ここもできるだけ数字を入れて、抽象的な言葉を言わないようにすることです。

「何やってるんだよ。やる気あるのかよ」

「ちゃんと仕事しろよ」

などと言われても部下の彼らは方法論がわからないのです。

だからこそ具体的な指示が必要になってきます。そして、最初からそれを教えるのではなく、一度部下の人間が自分で考えて行動しているからこそ、

「自分と上司とはここが違っていた」

と比較対象ができるようになるのです。それが部下の次なるステップに繋がるはずです。目標は自分で考え、行動することが大切です。

その前に周りからこうしろああしろと言われると「目標」ではなく「ノルマ」になってしまいます。ノルマになってしまうと「やらされている感」が出てきて仕事への意欲や向上心がなくなっていきます。

野球の素振りも、自らの目標を立て行動している選手は素振り（すぶり）になりますが、人から言われてやっているのは同じ漢字でも素振り（そぶり）です。

目標は実行している時に向上心が出てきて、それがクリアされると達成感を得ることができます。しかしノルマは義務感から仕事をしていて仮に目標が達成されてもそれは達成感や満足感などではなく、「上司に怒られないですむ」といったような安堵感のほうが強いのです。

よく「仕事」と「志事」と言われますが、ノルマのためにしているのは仕えることの「仕事」になり、目標のためにしているのは志を持っている「志事」になると言えます。

上司の人間が良かれと思い先回りして助言やアドバイスをしたり、必要以上に助けてしまうと、それは部下にとって「ノルマ」になってしまうかもしれません。

目標は達成したい本人の意欲、ノルマは達成しなければいけないという義務。

ノルマと感じている部下の先には目標達成という満足感ではなく、達成しなかったら上司に怒られるという罰が頭の中にあって仕事をしている状態です。

少年野球でもエラーをしたら叱られるから叱られないことを一番に考えてノックを受ける子がいます。しかし、それは指導者がそうさせているのです。

みなさんの部下はいかがでしょうか。上司の顔色を見て、叱られないように……とばかり考えて仕事をしていませんか？

目標のためにしているのかノルマのためにしているのか。ノルマになっていたら上司のあなたのやり方にも問題があるのかもしれません。

7 挨拶のあとのひと言で部下から信頼される

相手の気持ちを考えない挨拶しかできない

キャッチボール

相手の心を開く言葉をかける

挨拶……私が講演会やブログでも取り上げることが多いテーマです。

「挨拶」という漢字には、

「挨（ひらく）」

「拶（せまる）」

という意味があります。相手の心を開いて互いの距離を縮めていくものですね。

挨拶とは心と心を繋いでいるはずです。

野球の現場にいると「ほらっ！　挨拶！」と言って大人が促して挨拶させる光景を目にすることがあります。

なかには帽子をきちんと取らないで挨拶をする子。目を合わさずに挨拶をする子。静止しないで挨拶をする子。

それでも「おはようございます」と言えば挨拶したことになります。それを続けているうちに習慣になってしまうこともあるでしょう。

ですが、その「挨拶」をするという「形」よりも「心」を込めた挨拶が子供たちにはできるようになってほしいと思っています。

皆さんの会社の挨拶はどうでしょうか。挨拶をしない会社はさすがにないでしょうから、どこの会社も挨拶自体はしているはずです。

「おはようございます」

朝一番の挨拶は今日一日のバロメータになります。ですから、自分を奮い立たせるためにも大きい声で……。

朝早くからみんなに会えた喜びを声にしようと伝えてあげてください。

心のこもった挨拶は、相手の「心の扉」を開きます。

また、朝の挨拶はこれから仕事をするぞという「ウォーミングアップ」とも言えます。大きな声で挨拶をしているのは見ていて気持ちのいいもの。ですが、そこに「心」がこもっていることが一番大切なはずです。

私の知り合いの管理職が「若い人ほど挨拶をしない……」といつも嘆いています。その人は、ある会社を訪ねて大きな声で「こんにちは！」と挨拶をしたそうです。でも驚いたことに30人以上はいるであろうフロアーの全員が、心のこもったどころか、挨拶すら返さずに、パソコンに向かっていたというのです。

会社の雰囲気が悪いとかいう問題ではなく、会社を訪ねてきた人に誰も挨拶をしない姿勢に大きな疑問を持ち、「自分の会社はこんなことをしないように」と若手社員にこの出来事を伝えました。

ところが翌日、挨拶をするのは管理職や年輩の社員だけで、若手社員たちは口は動いているように見えても聞こえない程度の挨拶しかしないのです。

「挨拶は相手に届かなければ意味がない」

と注意しても、

「ほかの人がやっているからいいんじゃないですか？」

「大きい声を出す意味ってあるんですかね」

と言い出す始末。心はこもっていないし、相手の心の扉を開くことなどできるはずもない態度なのです。その管理職の人は、

「親戚のオジサンから大きな声で挨拶をする人は出世するよって言われ続けてきました。小さい頃に言われた時は、そんなわけないだろ、って思っていましたが、こうして自分が部下を持つようになったら、その意味がわかってきました。小さな声でしか挨拶できない人はやっぱり仕事も中途半端。それに取引先の人にも印象が悪く、決して本人のためになりません。何度も挨拶することの大切さを伝えているん

ですが……私の説明が悪いんですかね」
と頭を抱えています。

挨拶は誰かにされたからするものではありません。

私は親御さんにも選手にも気が付けば自分から挨拶するようにしています。誰が先に挨拶しなければいけないという決まりなどありません。先に気が付いたほうがすればいいだけです。

「あ」相手の目を見て
「い」いつも心を
「さ」先に自分から
「つ」伝えよう！

そして、その時に大きな声で挨拶ができれば、なおいいですよね。大きな声で挨拶をしたほうが挨拶されたほうも元気が出るからです。そして、笑顔であればさらに素敵な挨拶になることでしょう。

野球は「先手必勝」で、挨拶は「先手必笑」で。

こちらが笑顔の挨拶をすれば向こうも笑顔の挨拶になるでしょう。笑顔は伝染しますから……。

コミニュケーションを深めたいのであれば挨拶の後のひと言も大切です。

「おはようございます。今日は寒いですね」
「おはようございます。最近バッティングがイマイチなので練習お願いします」
「おはようございます。眠いっす」

ウチの選手たちはいつからかこんなふうに挨拶の後に「ひと言」を付け加えるようになりました。監督やコーチからも、

「おはよう。今日は寒いからアップを念入りにな！」

「おはよう。最近ヘッドが下がり気味だから今日はそこ気をつけていこう」

このように選手にひと言を掛けています。


何気ないひと言が「コミュニケーション」になります。そしてお互いをよく知るための「ツール」にもなります。


肘や肩が痛い選手はなかなかそれを監督やコーチに伝えづらいものです。ですが、毎朝、挨拶の後にひと言を付け加えることが習慣化されていれば選手も言いやすくなります。会社でも、

「おはよう！昨日はいい企画書をありがとう」

「おはよう！君はいつも元気で気持ちいいね！」

こんなふうに挨拶の後に付け加えるだけで部下の人間たちは気持ち良くなるものです。別にそれは仕事の内容でなくても構いません。

「おはよう！ 昨日はゆっくり休めたかな？」

「おはよう！ 昨日はジャイアンツ勝ったね」

そんなことでも構わないのです。ただし女性社員に、

「今日も可愛いね」

「今日の洋服、ステキだね」

など外見上の内容を言うのは今の時代はご法度です。


「心がこもっている挨拶」は聞いていて「気持ちのいい挨拶」になります。挨拶の後にひと言を伝えてコミュニケーションを取っていくことでいい仕事ができる準備が整っていくはずです。そして朝に自分のデスク周りを綺麗にしたり、掃除したりすることで仕事をする心を整えていくのです。朝のこのような時間は、

「これからがんばって仕事をするぞ！」

という心のウォーミングアップとも言えます。

気持ちのいい挨拶による始まりは気持ちよく仕事ができる始まりでもあるのです。

8 部下の「考動力」があなたを楽にしてくれる

自分でやってしまったほうが早く、思い通りのものになる

キャッチボール

部下が自ら考えて動くことで責任感や向上心を持つことになる

少年野球の監督にもいろいろなタイプの人がいます。各コーチに役割を持ってもらうタイプの監督もいれば、1から10まで全部自分が指導する監督もいます。

チームもさまざまで、どのタイプの指導法が正解ということはありません。私は各コーチにそれぞれ役割を持ってもらうようにしています。

・バッティング
・守備
・ピッチング
・走塁
・アップなどのトレーニング

私はバッティングを見ているので守備やそのほかの技術的なことは他のコーチに任せています。コーチにも役割を持ってもらうことでチームに貢献したという実感とモチベーションを上げてほしいからです。

私のチームではフリーバッティングの順番が終わると、バント練習をするのですが「バントコーチ」もいます。大事な試合でバントが決まった時、このコーチは誰よりも喜びます。その姿を見ると、私自身も嬉しい気持ちになるのです。

このコーチには野球の経験がありません。ですが今はバントの指導は誰よりも上手です。私がバントコーチ就任の話をした時からバントのことを勉強し、私にもバントの質問をよくしてくれました。それだけではなくバッティングセンターでひたすらバントだけをしているそうです。こういう人間だから「任せる」ことができるのです。

「自分が一番知っている」→「だから自分がやったほうがいい」

というのは確かにそうかもしれません。ですが僕はコーチを「アシスタント」だとは思っていません。同じコーチという立場の「パートナー」だと思っています。もっと言えば「コーチ同士」ではなく「コーチ同志」だと思っています。だからこそ優勝した時に……抱き合いながら泣けるのです。

あなたの会社ではどうでしょう?
あなたの部下が企画書を出してきました。その企画書はあなたを満足させるものではありません。

「これなら自分でやったほうが早いな」

「自分の企画のほうがいいな」

そう考えて部下の仕事を取り上げてしまったことはないでしょうか。確かにあなたがやったほうが早くていい企画なのでしょう。

ですが……あなたの部下はどうなりますか。

部下の仕事は雑務や面倒くさい仕事、上司のあなたの準備や後片付けのようなことが多くなってしまうのではないでしょうか。そして、自分が仕事をやってしまうのは「任せられない」からではないでしょうか。それは、

「部下にやらせると失敗する」→「自分が取引先や上司に叱られる」


そんな保身の気持ちもありませんか。

部下はあなたのアシスタントではありません。アシスタントではなくあなたの「パートナー」という目で見るようになれば、より幅広い仕事を任せられるようにな

るのだと思います。

日本は部下と上司が親分と子分のような図式になることが多くありますが、「目標を達成する」という部分では上も下もないはずです。

そこでの役割が違うだけです。

部下をアシスタント扱いしている上司が、セクハラやパワハラなど高圧的な態度を取ることが多くなるのです。

「上司は偉い」という考えがもとにあるので自分では上から言うことに悪びれることもありません。

よく部下の人間に「ちょっとコピーを取ってきて」という上司がいますが、自分が動かず安易にやらせることこそ部下をアシスタントと見ている証拠です。大切に思っていないのです。

よく「忙しい、忙しい」と言って上司が一人で残業をしているケースがあります。その結果、帰りづらくなり帰宅が遅くなってしまう人もいます。部下に仕事を任せないで一人で仕事を抱え込んでしまう人に多く見受けられます。現代の仕事は職種も仕事も細分化されています。その全てを一人で抱え込むのはかなり無理があります。
ただ任せると言ってもそれは丸投げをすることではありません。

①なぜこの仕事をするのかという目的

②途中経過のチェック

この仕事を達成するとどのようなメリットがあるのか、をきちんと話さなければいけません。部下の中にはその仕事を何のためにするのかがわかっていない人間もいます。そしてなぜその仕事をその人間に任せたのかも話ができれば意欲もわいてきます。

仕事を任せても任せっぱなしでは間違った方向に行ってしまう可能性があります。途中で経過を報告して正しい方向に修正しなければいけません。ただし、

1から10まで指示をするとそれは任せる力ではなくなってきてしまいます。

人は失敗することからたくさんのことを学びます。おそらくあなた自身もそうだったはずです。それは野球も仕事も一緒です。

失敗をおそれずに役割や仕事を与え、任せることで部下は自分で「考」え、そして「動」くようになります。そんな「考動力」がついてくれば部下の成長につながり、きっとあなたの仕事を楽にしてくれることでしょう。

今の上司は「任せる力」が不足しています。「待てない上司」と言えます。

少年野球の現場でも「待てない親」がいます。

子供が挫折をする前に手を差し伸べる親御さんがたくさんいらっしゃいます。失敗をする前に何でもかんでも手を差し伸べる……自分の保身のために自分が仕事をしていては子供も部下も成長しません。

任せることで部下の人間は挫折するかもしれません。しかし、

挫折することは人間を大きく変えるチャンスでもあります。

時には大変な失敗をしてしまうかもしれません。でも大変なことというのは「大きく変わる」ことでもあります。

上司が「部下に任せること」で部下は責任感や向上心を持つはずです。

「任せる力」を持たない上司は「俺は仕事ができる」と思っている方に多く見られます。

上司であるあなたの評価はあなただけの評価ではありません。

部下の人間がどのような成長をしているのかもあなたの評価になるのです。

9 飲み会で悪口を言う上司は部下にこう見られている

お酒を飲んだ付き合いでこそ本音がわかると思っている

キャッチボール

飲むこと以外にもコミュニケーションの方法はある

私自身、お酒が好きなのでよく他のコーチと飲みに行きます。そして指導者だけではなくコーチをしていないお父さんも誘って飲みに行くこともよくあります。しかし、用事があったり、お酒を飲む雰囲気が好きでなかったりする人もいるわけで……「飲み会は遠慮します」そう言って断る人もいます。

お酒が好きでない人にとっては苦痛の時間であるかもしれませんから無理に誘うこともしません。人にはいろいろな事情と考え方があります。ですから「強要する

「飲み会」ではコミュニケーションは図れません。

私たちの年代は上司に「飲みに行くぞ」と言われれば、たとえ嫌でも飲みに行く世代だったと思いますが、今の若い人たちは違います。もちろん喜んで行く部下もいると思いますが……、

①自分の時間は自分の時間で使いたい
②仕事が終わってまで上司のお説教を聞きたくない

そう思っている人がたくさんいます。

「付き合いが悪い」

「飲まないと本音がわからない」

思わずそんな言葉を言いたくなる気持ちもわかります。

「飲みに行くぞ！」

と言って断られた時に……、

「付き合いが悪い」と言うのではなく、
「今日は家でゆっくり休んで明日からまた頼むな」
と言ったほうが彼らの明日からの活力になると思いませんか。

飲み会だけがコミュニケーションの場ではありません。お昼ご飯を全員で食べてコミュニケーションをとる会社もあります。

飲み会だけが本音を言える時間というのは今の若い年代にはもう厳しい時代なのです。

私のグループに仕事中は寡黙なのに、飲み会の途中から突然、強気の発言をする人がいました。周囲の人は、その人が相手に失礼な発言をしないか注意しながら飲むことになります。さらには普段言えなかった本音をここぞとばかりに「大演説」します。

もっと大変なのは、翌日にはそのことをすっかり忘れていることです。上司がこれだったら部下はいつも「世話」をしなければならず、とても信頼にはつながりませんし、飲み会と聞くだけで「面倒だな」と思ってしまいます。

以前、一人で居酒屋に入ってお酒を飲んでいると、少年野球の指導者たちが二つ隣の席で飲んでいました。最初はその日の試合を振り返る反省会のような雰囲気だったのですが、

「○○は本当に使えないな」

「親の育て方が悪いんだよ」

そんな声が聞こえてきました。その悪口に誰かが反論するわけでもなく同調する声が広がっていきます。野球帰りなのか一度家に帰ったのかわかりませんが、ほとんどの人がチームのジャンパーやユニフォームを着ているのでどこのチームかは一目瞭然です。

私は自分の子供をこのようなチームには入れたくないですし、誰かからこのチームの評判を聞かれてもお勧めすることはないと思います。

多くの人がいる場で自分の会社の名前を出して大きな声で悪口を言ったりしていませんか？

どこで誰が見ているかわかりません。ひょっとしたら取引先の人が同じ店にいるかもしれません。たかが飲み会であっても自分のチームや会社の悪口を大声で言うのは避けるべきです。

私の知り合いでこんな話を聞いたことがあります。

「本間さん、少年野球の飲み会がストレスでたまりません」

「なぜですか?」

と聞くと、

「私はお酒が好きなので飲むのはいいんですよ。ただその飲み会が他の親や子供の悪口大会なんです。その場にいることも嫌なんです。でもね……飲み会に行かないと僕や子供の悪口も言われるんじゃないかと思って……。ただそれを言われたくないためだけに飲み会に行ってます」

そうおっしゃっていました。飲みに来ない人のことを言う「悪口大会」の飲み会であるならやらないほうがいい。お酒を飲む人は「良し」で、飲まない人は「悪」

みたいな考えはもう終わりに来ているのです。

会社での飲み会が「悪口大会」になってはいませんか。人間ですから社内に自分と合わないと思う人間もいるかもしれません。ただ上司である人間が部下の人間に対して悪口を言うものではありません。

他人の悪口を言っている人は、自分の悪口も誰かに言われているのだろうと思っています。つまり、人の悪口を言う人間を信用していません。おそらく部下の人間も同じです。

あなたが誰かの悪口を言えば言うほど「信頼感」はなくなり、陰で人の悪口を言う「器の小さい上司」と見られます。

お昼休みに昼食をみんなで食べるという会社もあればボーリング大会を行う会社もあります。飲むこと以外にもコミュニケーションを取れることはたくさんあるのです。

10 会社に一体感がないたったひとつの理由

理念が部下に浸透していない

キャッチボール

経営理念を「本気」で「本音」で考えていく

「ウチのチームには一体感がないんです」

こういう相談をよく指導者から受けます。

一体感に必要なものは「目的の達成」です。

ですから全員の目的が一緒なのかどうかを確認しなければいけません。「絶対に優勝する」と考えている選手もいれば「ベスト4」でいいと思っている選手がチームの中に混同していては一体感など出るはずがありません。

では「優勝する」という目的をチーム全員が持っているにも関わらず一体感が伝わってこないのはなぜでしょうか。目的より大切なものがあることをご存じでしょうか。

それは「チーム理念」です。

いくら優勝できてもそこには「優勝の仕方」や「チームの勝ち方」があるわけです。「全員を試合に出します」という理念のチームが「優勝したいから」といって上手な選手だけで試合をして優勝しても「目的」は達成されたかもしれませんが、チーム理念からは外れています。

なんだそんなことかと思われるかもしれませんが、少年野球の現場では「チーム理念」よりも「目的達成」のほうにウエイトが置かれてしまっていることが多いのが現実です。ですから「入団した時の説明と違う」などといった揉めごとも多くなるのです。

チームの理念や方針が全てです。その理念から目的や目標が決まっていくのです。もっと言えば練習メニューもそうです。強豪チームが理念として、「厳しい練習をしますが、結果を出し甲子園に出る高校に繋げます」と掲げているのに、練習が生ぬるかったり、ダラダラしているようだったら理念と練習がイコールで成立しなくなっています。

今は昔と違い野球に対する考えも親子で様々です。「練習は厳しくてもいいから強豪チームに入れたい」と思う親子もいれば、「ただ純粋に野球を楽しくやってくれればいい」という親子もいます。

全てのニーズに応えるのは難しいことですから「ウチのチームはこうです」というしっかりとした理念が必要です。少年野球のチーム方針や理念を見ていると、

「礼儀をしっかり教えます」

「感謝の気持ちを教えます」

こんな言葉を多く見かけます。

もちろん礼儀や感謝の気持ちは大切なことです。

ただ実際にグラウンドに行ってみると子供たちの挨拶ができていなかったり、道具を粗末に扱っていたりしてとても感謝の気持ちをもっているように見えないチームもあります。

こういうチームを見ていると残念ながら監督やコーチにも挨拶ができない方がいらっしゃいます。チーム理念が「お飾りだけ」になっているチームです。監督やコーチというチームを引っ張る人間がチーム理念を守っていないのですから子供が守るわけありません。

目的達成よりも大切な理念がバラバラになっているのですからそこに「一体感」など生まれるわけないのです。

会社についても同じことが言えます。

その目標達成は理念に則したものになっているでしょうか。また社員を大切にすると言っている会社が、一部の人間をないがしろにしていないでしょうか。社内に補欠を作ってはいけません。

①何のために
②どこに行くために
③誰と
④どのように行うのか

①は経営理念です。②は目的です。③④はその方法論と言えます。

会社に一体感がないという話をよく聞きます。一体感を出すために飲み会や最近ではボーリング大会をする会社も多くあります。もちろんこれらでやる気が出る部下もいるかもしれません。ですがその盛り上がりは一瞬だけで終わってしまうこともあります。

本当の一体感がなければ飲み会をしたり、ボーリング大会をしたりした翌日にその勢いで、

「おはようございます！」

と大きな挨拶をしても、いつもと同じどんよりした空気に包まれていて何も変わらず、残念な気持ちになるものです。一過性のものに終わらせないようにすることが上司であるあなたが考えなければいけないことなのではないでしょうか。

社員の多くは一体感のある中で、目標に向かって仕事をしたい、役割を果たしたいと思っています。でもまったく不満のない中で仕事をしているという人は少ないでしょう。

それだけに誰がどう仕事に向かっているのかを把握することも大切ですし、それが経営理念に即しているかどうかのチェックもしていないといけません。

もちろん一体感を得るには上司の努力だけではどうにもなりません。社員一人ひとりの意識を高めていかないと「上司が環境を整えてくれる」と甘えてしまうことになりかねず、一体感というところまでたどり着きません。

モチベーションが上がったり、一体感が持てたと感じてもそれが継続的になることはさらに難しいと言えます。そして、

上司が経営理念をどれだけ「本気」で「本音」で考え行動しているかです。

先ほどの野球の話にあったように「挨拶をしっかり指導します」と言っているチームの監督が横柄な挨拶をしていれば選手は誰も本気になって挨拶などしません。

飲み会やボーリング大会も悪いことではありません。しかし一体感を生みだし、継続的なものにするには経営理念の共有とそこから派生する目的達成の充実感が必要です。そしてその目的を達成するためには「君の力」が必要だと認識してもらわなくてはいけません。

先ほどの①から④で言えば③の部分です。

①この会社の経営理念が好きだというプライド感
②その経営理念に基づく目的達成の満足感
③その目的達成のために自分が必要なんだという社内存在感
④その目的に向かっている充実感

一体感を継続的なものにするには短絡的・短期的なことでは限界があります。

ごまかしがきかないのです。だからこそ管理職の人間が経営理念を本気で考えて部下に伝えていくのです。

それがチームを一つにしていきます。一体感が出てくるときは最高にパフォーマンスがいい状態です。ですが一体感を作ることが目的ではないことを再確認してください。

一体感は経営理念に基づいた目的達成の手段のために必要なのです。

一体感が得られるようになったら、きっとそれは元気な会社になっていることでしょう。

11「気分屋」の上司になってはいけないワケ

自分の意見に従う人を重用する

キャッチボール

部下の考えを知って会社をまとめる

野球は監督が現場のトップです。

選手間ではキャプテンがトップです。

また保護者には保護者会長やお母さんの中には婦人部長、チームリーダーと呼ばれるトップがいます。

そのリーダーの人間でチームは大きく変わります。チームを作る上では、このリーダーたちの考えでどのようなチームになるかが決まるわけです。

会社でも社長、部長、プロジェクトリーダー、さまざまなリーダーがいます。リーダーはチームをまとめることも必要とされます。

私のチームにいたキャプテンの話です。

彼は「強さ」を持っている子でした。しかし、その「強さ」を「偉さ」と間違えてしまう場面がたびたび見受けられるキャプテンでした。

「おい！ ちゃんとやれよ！」

「何やってんだよ！」

新チームになって1ヶ月、そんな言葉が目立ち始めた彼が、私にこう言ってきました。

「チームがまとまりません」

彼もいろいろと考えていたのでしょう。

「お前さ、最初にチームをまとめようと思っているからうまくいかないのかもよ」

私がそう言うと、

「どういう意味ですか？」

と聞き直して来たので、

「お前……みんなが何を考えているかわかる？　どんなチームにしたいかってみんなの意見を聞いたことがあるか？　お前は、俺はキャプテンなんだから、みんな言うことを聞けよ、と思っているんじゃないか？　まずはみんなの意見や考えを聞いたらどうだ。まとめるっていうのはその後だよ」

そう答えました。それから彼はみんなの話を聞く「強さと優しさ」を兼ね備えるキャプテンになっていきました。


管理職やプロジェクトリーダーになると「チームをまとめよう」とします。

しかし最初に「まとめよう」とする思いが強すぎると自分の意見で抑え込めようとします。

そして自分の意見に従わないとなると「反逆者」として扱われてしまう部下もいるのです。

まずはみんなが何を考えているのか……それがわからないとまとめることはできません。

昔は「強さ」だけで部下がついてくる時代でした。今でもよっぽどのカリスマ性を持っている上司であればそれも通じるでしょうが、全員に当てはまるわけではなく、難しいことだと思います。

リーダーと呼ばれる人間には「強さ」も必要です。しかし強さだけでもいけないし、強さを先に出してもいけません。また「強さ」を気分で出すようなリーダーは最悪です。

人間というのは少なからず「気分」というものを持っています。しかし、大方の人間は気分を表に出すと周りの人を不愉快にしたり、気を遣わせたりするのでその感情を外に出さなかったり最小限に留めたりします。

そんな感情を表に出してしまう人たちを世間では「気分屋」と呼んでいます。

気分屋と呼ばれる人が監督や上司になると周りの人々は、その気分に「振り回される」状態になります。

①気分屋の監督の中心は「自分」

気分屋さんは基本的に自分勝手です。チームの方針や試合の展開を「こうしたい」と周りの人に話し、自分と違う意見が出ると、

「だったら好きにすればいい」

と言い出してみたり、意見をコロコロ変えたりします。周りの人間が何か意見を言っても自分の思った通りにならないとへそを曲げたり、怒り出したりしてしまうこともあります。

自分の思い通りになることはがんばりますが、思い通りにならないと途中で投げ出したり考えを変えたりします。

試合前に「今日は絶対勝とう」、会社では「今日の仕事をがんばろう」と子供（部下）に笑顔で話します。試合（仕事）で子供（部下）たちがミスをしだすと「勝手にしろ」と気分が変わってしまいます。

自分の思う通りにいかないと子供（部下）のせいにします。

②空気が読めない気分屋の監督

気分屋の監督（上司）は空気を読むことができません。なぜここでそんなことを子供（部下）に言うの、と思う時もあるでしょう。気分屋の監督（上司）が大切なのは「その場の雰囲気」ではなく「自分自身」です。空気を読めない発言をしてしまうのは「自分自身」の言葉が一番だからです。意見を曲げようともしません。

こういう人は時に自分の意見を曲げないのは「信念」だと言います。私からするとそれは「信念」などというものではなく、周りからあれこれ言われるのが嫌という「頑固」なだけです。

③気分屋の監督は利益で人を選ぶ

このような気分屋の人がなぜ監督（上司）になるのでしょうか。気分屋の人は自分の利益になると思う人には愛想をふりまきます。上の人に「尊敬する」とか「一生ついていきます」などと媚を売るのがうまいのです。

その場面しか見ていない上層部から気に入られて「監督」（管理職）という役に付

くケースがあります。ですが心から尊敬しているわけでもなく一生ついていく気などもありません。自分にとって利益があるから、というだけです。

ということは、自分にとって役に立たないと思ったら平気で裏切ったりします。

気分屋と呼ばれる人間が監督（上司）になると周りは振り回されます。でもそれだけならまだ我慢もできるでしょう。ただ、気分屋の監督（上司）は自分が一番なのです。だから、子供（部下）よりも自分をとります。試合に負けても（仕事で何かあると）子供（部下）のせいにします。

その日の気分、自分の気分……そういう人が監督に（上司）なると一番の犠牲になるのは子供（部下）です。

気分屋の人間は誰かを困らせてやろうと悪意を持っているわけではありません。ただただ自分の思いをぶつけたがるのです。そして、それが意に反すると態度に出てきます。自分の意見が通らないとすねたり攻撃的になったりします。

周りの人に構ってもらいたくなるわけです。それが許されるのは子供だけ。自分

の機嫌は人に取ってもらうのではなく自分で取るものです。

ではどうやったら気分屋の性格を直すことができるのでしょうか。

まずは自覚することです。自分が気分屋で人に迷惑をかけている事実を自覚することから始めます。

そして、自分で決めたルールを守ること。

気分屋の人は我慢ができません。言葉にする前に心の中で一回つぶやいてみる、嫌な顔を人に見せないなどのルールを決めて守ることです。

できないから「やーめた」というのはまさに気分屋の特徴でもあります。あなたの気分で部下を動かしてはいけません。部下の人間にあなたの顔色を伺って仕事をさせてはいけません。

⑫ 部下の不満をチャンスに変える方法

部下を部外者にしている

キャッチボール

連帯感を持たせることで意欲的に動くようになる

野球チームでも不平不満というのは大なり小なりあるものです。チームが全員同じ方向を向いている時はいいのですが、チームが勝てなかったりチームの目的が一緒でなかったり、目的が一緒なのに方法論が違うとチームから不平不満が出てきます。

ただその輪が大きくなったり、誰かが不平不満を言って退団する時に、今まで黙っていた同じような不満を言いだす人間が多くなって退団者が後を絶たないことも起りうるわけです。

以前、「本間コーチの練習は厳しすぎる」と言っていると耳にしました。コーチになってから年数も浅いので直接私に言うことができなかったのでしょう。また、そういう環境にしていなかった私にも原因があります。他のコーチが、

「在籍が浅いのに不満を言うなんて……僕のほうから言っておきます」

と言ってくれたのですが、

「いや……直接話したほうがいいから二人で話しますよ」

と言ってその彼と話す場を設けました。

一部の人間はただ不平不満を言うだけですが、不平不満の多くはチームのことを考えている裏返しであるとも言えます。

また、1年目のコーチだからこそ気付くこともたくさんあります。チームに長く在籍していると「当たり前」の感覚がマヒしてくることもあるからです。

そうならないように私自身、チームや自分を「第三者的」に見るようにしていますが、それでも感覚がずれてくることがあるものです。

彼が私に話したことは「練習が厳しすぎるのではないか」という内容でした。チームの理念と目標達成のために厳しい練習も必要であること、そして、厳しさの中にも楽しさを取り入れているつもりだという話を彼にしました。

彼も話すうちに徐々に納得してくれ、僕に意見を言ってくれました。

「本間コーチ……レクリエーションって何もないですよね。選手はもちろんですが、いつも野球に来てくれている親御さんや妹とか弟のために一日野球を忘れて楽しめる日があってもいいと思うのですが」

その案を彼に任せたところ1年に1回、選手だけでなく親御さんや妹・弟も参加しての大運動会を企画して大成功に終わりました。この意見は僕にとって、

「不平不満」ではなく素晴らしい「提案」でした。

会社の中にも不平不満を持っている部下はいるはずです。ではこの不平不満に対して上司の人間はどのように対処していけばいいのでしょうか。明らかに無理な問

題を口にしている場合は、なかなか解決することはできませんが「会社を良くしたい」と思っている人間の不平不満は会社のプラスになることも多いのです。

問題なのは不平不満を言っている部下が会社や上司を敵だと思い「部外者」の考えになってしまうことです。

その意見を「不平不満」ととらえずに「提案」と考えるのです。不平不満を言っているだけでは部外者のままですが、提案となった瞬間に部外者から「当事者」に変わります。そのために管理者のあなたに何ができるのでしょうか？

次の3つを話しあってみましょう。

①まずは会社の経営理念とチームの目標はどこか（ゴールの確認）
②現状何が起きているのか？（現状確認）
③何ができるのか？（行動確認）

①の会社の経営理念が変わることはないでしょうし、その軸はぶれてはいけないところです。ひょっとすると立てた目標や目標達成までのプロセスに提案があるのかもしれません。

それが②に当たります。一番大切なのが③です。今抱えている問題に対して何ができるのか、ということです。

そしてその時に「あなたは」という言葉を必ず入れるようにしてみてください。

「あなたに何ができるのか？」

「あなたはどうしたらいいと思うのか？」

この質問が不平不満から提案になる瞬間です。

そして提案になったら「私」ではなく「私たち」と言ってみましょう。

「一緒にその提案を成功させよう」と連帯感を持たせることで部下が意欲的に動いてくれる可能性もあります。

部下の不平不満は決してマイナスな力ではなく、見方を変えればパワーになり、会社のプラスになることもあるのです。

そして会社や上司を自分の考え方とは違う「敵」だと考えている部下を「味方」に変えるチャンスでもあります。

「見方」を変えれば「味方」になるのです。

「会社や上司に不満ばっかり言っている部下」という視点から「会社のことを真剣に考えている部下」という視点に変えてみることで、上司や会社にとっての「味方」に突然変わります。

たとえ「×」(バツ)であったとしても角度を変えて見ることで「+」(プラス)へと変わり、積極的な力になってあなたを助けてくれます。

13 ゆとり世代が会社を変える

認めようとして甘やかしてしまう
キャッチボール→何でも褒めるのがいいわけではない

今の40代・50代は私と同じいわゆる「バブル世代」と呼ばれた人たちです。

我々の年代は「いい車を持ちたい」「いい暮らしをしたい」という欲も強く、そのためには上司に誘われれば断らない……そんな年代だったと思います。

物欲や出世欲も強い世代で、残業も休日出勤も当たり前と考えていた時代だったように思えます。また会社愛も強く、それを表に出していた人も多かったのではないでしょうか。「24時間戦えますか?」などのコマーシャルは、まさにその我々世代のサラリーマンを代表するセリフとも言えます。

今、会社にいる20代の多くは「ゆとり世代」です。我々「バブル世代」の考えを言っても当然のことながら無理があるわけです。教育が違えば考え方も違ってくるのは仕方がないことです。

「だからゆとり世代は……」

と思わず言いたくなる気持ちもわかりますが、

同じ「価値観」を求めることは難しいのです。

ゆとり世代のことをいくら嘆いても状況は変わらないわけですからどうしたらこの世代が会社のために働いてくれるかを考えたほうが得策と言えます。

ゆとり世代の彼らはどのような特徴があるのでしょうか。

●高級車などに乗りたいという物欲がない
●出世をしなくても人並みの生活ができればいい
●1番という言葉にさほど関心がない

ざっと挙げるとこんなところでしょうか。

ただ……このゆとり世代には一つだけ大きな欲求があります。

それは「認めてもらいたい」という思いです。

「1番になりたい」という欲求は弱いのですが「認めてもらいたい」という欲求が強いのが、このゆとり世代の特徴でもあります。ですから認められないとすぐに拗ねたりするのです。

野球の現場でもこの年代の子たちは「お前のバントはチームで一番だ」と言ってもあまり喜びません。

「チームのためにはお前のバントが必要だ」

と言ったほうが彼らには「認められている」という意識につながり、喜ぶのです。

チームで一番になることより認められることで彼らのやる気に火が付きます。

ゆとり世代の後半の人間たちは「つくし世代」とも言われています。人に尽くすことで喜びを感じる年代だそうです。サプライズなどで仲間を喜ばせることが多いのもこの年代です。

そう考えると「ゆとり世代」の若者たちもいいところがたくさんあるわけです。上司の皆さんはこのゆとり世代の考えをうまく活かせば会社の力にすることができるのです。

彼らのキーワードは「認めてもらいたい」「尽くしたい」という二つ。出世欲や物欲は薄いかもしれませんが、この二つは彼らの多くが持っているのです。ただし、一つ間違えてはいけないのが、

「認める」というのは甘やかしたり、何でもかんでも誉めることではありません。

後に詳しく書きますが、がんばった経過がないものを褒めてしまう（おだててしまう）と、彼らは「これくらいでいいのか」と現状で満足して成長を止めてしまいます。

誉めることももちろん認めることになりますが、

「おっ、がんばっているな」

「いつも出社が早いね」

そんなひと言でも「人間は認められている感」を持てるものです。その認められた気持ちを今度は可能性に変えてあげなければいけません。

「君はできるんだ」「このプロジェクトに君の意見を教えてくれないか」そんなふうに認める力を可能性や希望の力に変えてあげることがいい上司なのです。

そして「つくし世代」と呼ばれていたこの年代は「何か人のために役に立ちたい」「チームのために役に立ちたい」と思っています。そう考えると会社に尽くしたいと思っている人間もたくさんいるはずです。問題はそのきっかけがないのです。

人間にとってスイッチが入る時は次の3つ。

①成功体験
②挫折
③信頼ある人の助言

きっかけは人それぞれです。

ある日、突然「よし今日から会社のためにがんばろう」と思う人間がいるかもしれませんが、それは稀でしょう。


部下が挫折した時と成功体験をした時がやる気が入るきっかけになるのでしっかり「観」ていなければなりません。


しかしそのきっかけを失くしてしまう上司もいるのです。成功体験や挫折は必ず誰にもあります。その経験を「やる気のきっかけ」として生かせるかどうかが③の助言なのです。

「これだからゆとり世代は……」とよく言われますが、私は、ゆとり世代は「秘められた可能性がある世代」だと思っています。

「ゆとり」世代の「舵とり」をする上司になることで彼らは会社のために働く人材となるのです。

14 そのミーティングは本当に必要ですか？

決めるだけでは意味がない

キャッチボール

実行することを目的にする

チーム内の目標が決まり、個々の目標が定まった時は誰もがやる気に溢れているものです。

しかし、全員で目標への道を進んでいくのですが、時にはドロドロの道があって前に進めなくなることが出てきます。リーダーはその道を整備して環境をよくしなければいけません。なかにはこんな道を歩きたくないという人間も出てくるかもしれません。

チームの子供の中でも「意識の差」がどうしても出てきます。そんな時はどうしたらいいのでしょうか。私のチームではミーティングに時間を多く費やします。ミーティングの重要性については後ほど説明しますが、私のチームでは月に１回「本音ミーティング」と呼ばれるミーティングがあります。

「形だけでない、本音の部分を話そう」という内容。この「本音ミーティング」のルールは二つあります。

①悪口大会ではないということ
②チームの目標からずれていないこと

「目標」があってのチームです。ですから話題が目標からずれないこともルールの一つとして決めています。目標が「神奈川で優勝する」ということであればその目標に対して「○」なのか「×」なのか、ということになります。

今まで強い年代はこの「本音ミーティング」で、みんなでガンガン意見を飛ばし合っていました。その根っこには目標である「優勝」があり、全員がそこへ真剣に向かっていたのです。練習メニュー、声、私生活、守備、バッティング……。

例えば「声」というところでこんな話になりました。あるピッチャーの子が、

「楽に！　楽に！　ってあれ……嫌だわ」

と言いました。

「そうなの？　楽に！　って思って言ってるのに」

と野手陣。

「こっちは楽に投げてんだよ！　って思うんだよ」

こんな本音が出たこともありました。

他にもピッチャーの子がキャッチャーの選手に、

「投げたい球が一致しない」

と普段思っていることを話し意見をぶつけ合っていきます。

すべては「優勝」という目標のためです。彼らには共通の目標があり、そして「信頼」がありました。逆にチームの目標がいい加減であったり、緩い目標意識であっ

たり、信頼がないと、この「本音ミーティング」はできないかもしれません。逆に言えば、

本音ミーティングができる環境を上司のあなたは作らなければなりません。

ミーティングは会社でも必要不可欠なものです。ですが目的は「ミーティングをすること」ではなく現状の問題を報告し、今後どうしていくべきなのかを話し合うことなのです。ミーティングの原則は、

①方向性を確認する
②情報を共有する
③現状を報告し振り返りをする
④今後どうするかを決定する

この4つです。ミーティングの失敗例として挙げられるのは「長すぎるミーティング」です。そして、野球で言えば、

「どうしてあそこでエラーしたんだ」

「何であんなリードをしたんだ」

「ボールに集中してたのか」

と焦点が過去から動かないことが問題です。

その結果「今後どうしたらいいのか」という一番大切な部分の話がなくなったり、そこを話す時間が少なくなったりすることになるのです。こういう話し合いはダラダラと時間が長くなるのも特徴です。

また②から③に話が移行した時にも気をつけなければいけないことがあります。ミーティングの最終的な目的は「決める」ことではなく「実行すること」です。その実行したことがいかに「成果を上げるか」なのです。

簡潔に言えば、

①誰が
②いつまでに
③何を
④何のために
⑤どう実行していくか

を話すことがミーティングなのです。

話す議題を過去から未来へ繋げなければミーティングの意味がありません。

ミーティングの失敗例として「一部の人間だけで行われること」があります。数人が意見を出し合い、残りのメンバーが「傍観者」になってしまうケース。

私は自分の野球のチームのミーティングでは自分の考えを最初に言うことはありません。

子供たちの意見をまず話し合ってもらいます。またスタメンで試合に出ていた選手から話す場合もありますが、私からベンチの選手に振って、ベンチプレーヤーから話をしてもらうケースもあります。

時には選手たちに質問をしながら意思確認をするのですが、その時に気を付けていることが一つあります。

それは「質問」ではなく「尋問」にならないようにすることです。よく野球から帰って来た我が子に親御さんが、

「今日野球楽しかった?」

と聞くケースがありますが、この質問の答えはよく考えてみると、

「楽しかった」

と一つしか言えないのです。そしてそれは親御さんが「野球を楽しかった」と言ってくれる子供の答えを期待しているのです。そう考えるとそれは相手のための「質問」ではなく自分のための「質問」になっています。

これが質問ではなく尋問になってしまうケースです。また、「イエス」「ノー」だ

けの二者択一の質問では相手の考えがわからないままです。

ミーティングでは「意見」を出してもらえるようにする工夫が必要です。

自分の固定観念が強すぎると「尋問」になってしまうので、そうなると部下の意見を真剣に聴こうという耳がなくなってしまいます。

意見を聴くということは部下の考えを聴く絶好の機会でもあります。

全員が意見を述べる参加型で、「決める」ことで終わらせるのではなく「実行すること」を目的としたミーティングをお勧めします。

15「聴観力」で部下の心が見えてくる

相手を説得しようとしてしまう

キャッチボール

しっかり聴くと判断力が上がり、信頼力も高まる

リーダーは部下の人間に対して的確な指示を与え、適材の場所でベストなパフォーマンスができるよう導いていく必要があります。状況に応じて叱ることも誉めることもしなければなりません。

そのために必要なことは部下をよく「観る」ことと、そして部下の話をよく「聴く」ことです。

「見る」のではなく「観る」
「聞く」のではなく「聴く」

聴く力と観る力の「聴観力」が上司には必要です。

聞くという漢字は「耳」だけですが、聴くという漢字には「耳と目と心」が入っています。

「観る」には、物事をしっかりとらえるという意味があります。

子供が野球を辞めたい、と親に話してきました。

「せっかくやってきたのに、もったいない」

「皆、一度はそう思うんだ」

そんな言葉では根本的な問題が解決されません。人の話を「聴く」ということは簡単そうに見えて実は難しいことなのです。

部下の人間があなたに何か相談してきたとします。それは、仕事を辞めたいということかもしれませんし、会社の不満かもしれません。その話をされた時にあなたの頭の中には何がありますか。

「会社を辞めようとしているから説得しなければ」

「不満を沈静化させなければ」

まだ部下が話をしているのに頭の中ではそんな考えが回っていませんか。それは耳だけで「聞いている」状態です。そして、

相手の話を聴くというより「説得しよう」という意識になることがあります。

私にもそういう経験があり、そうなってしまうことはある意味仕方がないことと言えます。ですから「意識をして聴く」ようにするのです。

自分の頭の中を空にして相手の話を耳だけでなく、目を見て心から聴こうとしています。そう考えることで、その場だけのごまかしの言葉で話をすることもなくなります。部下がまだ話をしている最中なのに話を遮ることもなくなります。

相手がどう思っているのかがまずは一番大切です。そして相談というのは「まずは聴いてほしいもの」です。慌てて何か意見を言う必要はありません。まずは意識をして「聴いて」あげてください。

ノーアウトランナー一塁の場面。相手バッターはバントの構えをしています。今、これが目の前に見えている現実です。しかし、バントは構えだけで打ってくるかもしれません。

・一塁ランナーの動きは？
・相手ベンチのサインは？
・そしてバッターの表情は？

バッターという一面だけを「見る」のではなくバッター以外も「観る」ことによってわかることがあります。

もちろんバッターもじっと「観る」ことをしなければいけません。表情が変わるかもしれませんし、バントのサインが出たバットを持つ手に力が入ったことが「観る」ことによってわかる場合もあります。

あなたは部下を「見て」いるでしょうか。それとも「観て」いるでしょうか。仕事をしていると、

「自分はどうしてそれに気が付かなかったんだろう」

「見る視点が違うなあ」

と思ったことがありませんか。それこそが観察力の違いなのです。

じっと観ること。その物以外を観ること。二つを観ることで「見る」だけでは見えなかったものが「観えて」きます。

「聴観力」が上がってくると部下にアドバイスをする「タイミング力」も身に付いてきます。

教えすぎは植物で言えば今は水をあげなくていいのに、水をたくさんあげている状態です。お腹で言えば満腹なのに「これも食べなさい、あれも食べなさい」と言われている状態です。

教えなさすぎは植物で言えば土がカラカラなのに水をあげていない状態です。お腹で言えば空腹なのに何も食べさせてあげない状態です。

野球も同じですが、仕事の指導をするにも「タイミング」があります。きちんと部下の話を聴き観ることでタイミング力も身に付きます。

また上っ面だけ見て聞くのではなく、心から聴き観ることで「分析力」が上がるのです。

そして分析力が上がることで企画力や問題解決力も上がります。

今、目の前で見えているものや、耳だけで聞いているものを観て聴こうとするためには相手の本心を知ろうとする心が必要になってきます。

心で観て聴いてくれる上司は部下にはわかるものです。

そして、それが管理職に必要な「信頼力」に繋がっていくのです。

16 リーダーシップのとり方に正解はない

支配することだけではうまくいかない

キャッチボール

ゴールに向かって部下を導けば組織がまとまる

リーダーには強さも求められますが、強さだけでもいけません。また、いきなりリーダーに指名され、

「私にリーダーなんて無理」

「性格的にリーダーに向いていない」

と感じる人もいるかもしれません。

私のチームにこんなキャプテンがいました。

①みんなでやろうという「連帯感」が強い
②チームメイトの話をよく聴き一緒に考える「共感力」がある
③チームのためにしようという「忠誠心」がある

やや弱い部分がある選手でキャプテンに指名した時は不安もあったのですが、私の想像以上にチームはまとまっていました。

彼は上からモノを言うタイプでもなく、あくまでも「一緒に」というスタンスの選手でチームメイトに何か問題があっても強い言葉を言うのではなく、相手の話を聴いて問題解決をするキャプテンでした。

私は「もう少し強く言ってもいいのに」と思うこともあったのですが、不思議なことにチームはまとまり、「新しいキャプテン像」を見たような気がしました。

会社の中でも強いリーダーがいなくても「あれ、何かチームや部署がまとまっているな」と感じたことはありませんか。

またリーダーに指名されたものの「自分はリーダーの性格ではない」「私に務まるか不安だ」そんなふうに考える人もいるでしょう。

近年「サーバントリーダー」という言葉があるのをご存じでしょうか。日本語にするのであれば「支援型リーダー」となります。今までの強いイメージとは違うリーダー像です。

バブルを突き抜けてきた我々の世代では少し違和感があるかもしれませんが、我々より下の年代である「つくし世代」にはこういう新しいリーダーが出てきているのも事実です。

私が言いたいのは「リーダー像」というのは一つではなく正解がないということです。

私と同年代の方々はどうしても「支配型リーダー」を目指す傾向があります。もちろんそれも一つのリーダー像です。そしてこのサーバントリーダーも一つのリーダー像なのです。

目標達成というゴールは同じです。その導き方に違いがあってもそれは全然構わないのです。自分の性格によっても違うからです。

強さでチームを引っ張ろうという性格の人がサーバントリーダーになろうとすることは無理がありますし、その逆も同じです。自分に合っていると思ってもデメリットもあるわけです。

支配型のリーダーはその支配が強すぎれば当然反発がくることもあるでしょう。サーバントリーダーも意味を間違えてしまうと「部下の言うことを何でも聞く」と思われてしまいます。

「目標達成」という軸がずれてしまい、ただ部下に厳しくしたり、何でも言うことを聞いてしまうのは木を見て森が見えない状態と言えます。

私は何でもかんでも時代のせいにするのは好きではありませんが、時代は変わってきています。

チームで目標を達成するためのリーダーシップの取り方に正解はありません。

17「判断力」を間違える上司は「決断力」も間違える

部外者意識があったら判断できない

キャッチボール ↓ 状況判断が決断力を生む

2019年、夏の高校野球。岩手県の決勝戦で好投手の佐々木選手が登板しなかったことが大きな話題となりました。

いろいろな意見があるのも当然です。

ただ「甲子園で見たかったのに何で投げさせないんだ」という意見は自分の思いを言っているだけで、こういう方は真の「高校野球ファン」とは言えません。

万が一投げさせて故障したら、

「将来ある選手に何で投げさせるんだ」

と言い、投げさせなかったら、

「甲子園を何だと思っているんだ」

と言う人もいる。

表に出したくても出せない情報や状況もあったかもしれません。彼らはプロ野球選手ではありません。彼らは野球ファンのために野球をやっているのではありません。私のところにも翌日に数件、

「本間さんだったら投げさせていましたか?」

というメッセージが来ました。私は、

「私は部外者です」

と答えました。私は佐々木投手の身体の仕組みも肘や肩の状況もわかりません。

だから……私にはわかりません。2年半、毎日見ていた「当事者」の監督が、

「投げさせない」

という決断を下した。それがすべてです。部外者の人間がどうこう言えることで

はないのです。

そして、「正解」「不正解」とか、「いい」「悪い」という問題ではないはずです。現場の責任者である監督が「現状と将来を考えて決断した」という事実がすべてなのです。

リーダーも時には迷います。いや迷うことが当たり前です。

リーダーには決断力が必要とされます。そして決断力には早さと正確さが求められます。

いくら早くてもその決断が間違えていれば事態は悪化しますし、正確な決断をしても時間が経ち過ぎてしまっては周りの人間もどう動いていいかわからなくなり困ります。

ではどのようにして決断をすればいいのでしょうか。

迷っているということは、あなたは森の中をさまよっているようなものです。

①何のために森に入ってきたのかをもう一度確認する……目的の確認

会社の経営理念・目標の達成……当たり前のことですが、決断するための目的を忘れてはいけません。

②森の出方がわからない……判断力

経営理念や目標達成ははっきりわかっているのにその方法論で迷うことがあります。森をどうやって出ていくのか、その方法論がわからずに彷徨っている状態です。

ここで必要なのが「判断力」です。決断力と判断力は似ているようですが、違います。判断とは今まで起ったこと、今現在のことを分析して判断することです。今までどういう道でこの森までやってきたのか。そして、今は森のどの辺りにいるのかを冷静に分析して整理しなければなりません。

会社の例で考えてみましょう。

部下が新規開拓の取引き先を見つけてきました。しかし商品の大幅な値引きをするのならば取引きをするという条件が付き、上司のあなたに相談してきました。

あなたは「値引きをすることが可能か」「いくらまでなら値引きできるのか」「値引きをしても今後の関係のメリットのために取引きをするべきか」の判断をするわけです。

③森へ出て進む道＝決断

一つ一つの判断材料を整理し、会社にメリットがあるのかどうかを最終的に「決断」します。

・今後の会社の発展を考えて取引きを開始するという決断
・会社へのデメリットが大きいと考えて取引きをしないという決断
・次回の商品で取引先に新規案を提示するという決断

あなたがするその決断は森へ出て未来へ進む道となります。その決断をするメリットとデメリット。その判断基準はあなたの優先順位でもあると言えます。

日頃から自分の中に優先順位をある程度持っている人間は決断も早いのです。

そして、あなたの後ろには部下がついてくるのです。

いままで起こったことと、いま目の前で起きていることを一つ一つ整理する判断力。会社と社員のための未来に繋がる決断力。この2つの「力」がリーダーには求められます。

大船渡高校の佐々木投手。あの決勝で投げていても投げていなくてもどちらにしても批判はあったはずです。

監督の決断もきっと選手の未来へ繋がっていると私は思っています。そして佐々木投手と大船渡高校の選手にはあの日のことを未来への力に変えてほしいと応援しています。

2019年のドラフトで4球団に指名され、プロの道へ進むことになりました。プロ野球の大舞台で活躍する姿を見るのが今から楽しみです。

18 誰も見ていない時の自分が本当の自分

ついつい怠けてしまう部下が多い

キャッチボール ↓ 自分に打ち克つ力をつけさせる

「今年のチームはそんなに強くない」

「今年は厳しいだろう」

そんなことを言われていた年代の話です。

彼らの代は低学年の頃から「優勝」どころか「メダル」も取ったことのない年代でした。

6年生が卒団し新チームとなった練習初日。技術面でも精神面でも相当鍛え直さ

ないとメダルを獲るのは難しいだろうな……。正直言ってそう感じていました。彼らに目標を聞くと、

「優勝したい」

「メダルが欲しい」

口々にそう言います。

「今までと同じことをしても優勝どころかメダルも取れずにお前たちは卒団していくことになる。本気で優勝したいと思うなら覚悟を決めてくれ。練習も厳しくなる。答えはいま出さなくていい。1週間後に返事をくれ」

彼らにそう言いました。

1週間後……「全員覚悟は決まっています。どんな練習でもついていきますよ！」

そして彼らの最後の1年が始まりました。

迎えた秋の大会初戦……。2点リードも最終回にサヨナラ負け。

「諦めるな。春に必ずメダルを取ろう」

泣きじゃくる彼らにそう告げました。

長く厳しい冬の練習が始まりました。練習は小学生にしてはかなり過酷なものだったはずです。きつくて涙をこぼしながらバットを振り続け、涙を流しながらノックを受けていました。

冬が明けて春の大会。あと一つ勝てば準決勝進出が決まるところまでやってきました。あと一つ勝てばメダル。彼らにとっては念願のメダル。最終回までリード。そしてツーアウト。

……しかし、サヨナラ負け。またも彼らの首にメダルがぶら下がることはありませんでした。

「諦めるな。まだ次があるさ。必ずメダルを取ろう」

そう言いながらグラウンドから帰る足取りが重くなっていたことを覚えています。

残す大会もわずか。このままで彼らにメダルを取らせることができるのだろうか。

何の練習メニューをしたらいいのか。気持ちの面でどんなアドバイスをしたらいいのか。

正直、私自身が迷い始めていました。それでも週末はやってきます。

ある練習の朝、「おはようございます。今日も気合です！」と挨拶した選手の手にテーピングが。

「おっ、おはよう。さぁアップだ」と返すと、別の6年生が「おはようございます」と挨拶した手にもテーピング。6年生全員の手にテーピングがありました。

「お前たちどうしたんだ?」と聞くと「何でもありません」と答える6年生。不思議に思っているとも6年生のお母さんが、

「あの子たちから本間コーチには言うなと言われているのですが……、全員で平日に集まって練習しているんです。絶対メダルを取ろうって」

そう教えてもらいました。子供たちだけでマメを潰すまでの練習をしていたことで、彼らがどれだけ真剣にやっていたのかわかりました。

「諦めるな」言い続けてきた私の言葉を信じていた彼ら。涙が出てきました。

彼らは最後の最後まで諦めていない……。自分から迷いが消えました。

迎えた全国選抜大会。

彼らは破竹の勢いで勝ち進み準優勝。念願のメダルを取り、東日本大会にも出場しました。

彼らのメダルが決まった瞬間、私は人目を憚らず泣きました。

私がこのチームから教えてもらったことが２つあります。

①最後まで諦めない気持ち
②誰も見ていない時にがんばる気持ち

彼らは週末の練習の時にはみんな手の皮がむけていました。指導者が見ていない時に素振りをして皮がむけるというのは、彼らが目的を持って真剣にバットを振っていた何よりの証です。

人間は誰かに見られている時はやるものです。ですが誰も見ていない時にがんばれる人間はそうそういません。

誰も見ていないからといっても、ダラダラせずに仕事をする人もいるでしょう。

一人の時でもがんばって仕事をする人もいるでしょう。いずれにしても、

誰も見ていない時の自分が本当の自分の姿なのです。

私も以前は一人の時に仕事がはかどらないタイプの人間でした。その時に決めたことが３つあります。

①企画書などの書類提出は本来の期限の３日前を自分の期限日にする

自分の中で期限日に合わせる癖がありました。

二日間ぐらいあれば終わるだろう。週末に一気にやれば仕上がるだろう。そんなふうに一度思ってしまうと自分にどんどん言い訳をして、すべて先延ばしにしている自分がいました。結局、書類はいつも期限ぎりぎりで当然内容も薄いものでした。

それから言われた期限の３日前に仕上げることを徹底しました。大切なのは「例外、言い訳」を作らないことです。今日は仕事で疲れたからやめよう。そんなふう

に自分に都合のいい言い訳をすると、言い訳をして仕事を先延ばしにすることが当たり前になっていきます。

②喜ぶ人の顔を想像する「他喜力」

この企画が通ったら……、この提案書が成功したら……、どんな人が喜んでくれるでしょうか。お客様かもしれませんし、取引き相手かもしれません。身近な奥さんかもしれませんし、同僚かもしれません。喜ぶ人の顔を想像するのです。

最近では「他喜力」という言葉もありますが、人間は自分のためというだけではがんばる力に限界があります。いろいろな人の喜ぶ顔を考えると一人でも仕事をしようという活力になるのです。

③「日本一」と戦う

私が野球の現役時代のこと、素振りをもうやめようと思っていた時、ライバルの顔を思い出すようにしていました。あいつは自分より10回バットを多く振っている

かもしれない……そう思って自分はまたバットを振り続けていました。

そのうちに日本一素振りしている選手って何回ぐらい振っているのだろうかと考えたり、横浜一の素振りをしている選手は何回ぐらい振っているのだろうかと考え、会ったこともないライバルの存在でがんばっていたことがありました。

私は子供たちに「相手に勝ちたければまずは自分に克ちなさい」と言います。

自分に克つことができない選手が相手に勝つことはできません。

自分が自分に「克つ」ことで「克ち癖」が付いてきます。誰も見ていない時、いかに自分に克つかが将来の姿を変えてくれるのです。

19 チームワークを間違えると目標は達成できない

チームワーク＝仲がいいではない

キャッチボール

組織としての目標をしっかり認識する

「チームとは何か？」

と聞かれたら皆さんは何と答えるでしょうか。

講演会でこう質問すると野球少年や高校球児たちは、

「絆」

「みんなと仲良く野球をする」

こんな答えが多く返ってきます。

チームの前提は「目的が同じ集団」です。

・優勝をする
・全国大会に出場する

チーム全員がその目的に一緒になっていることで初めて「チーム」になっていきます。

ある高校の野球部に「今のチームの目的は何か」と聞き、全員にノートに書いてもらったことがありました。

8割の選手が「甲子園」と書いたのに対して1割の選手は「ベスト4」「ベスト8」と書いてありました。

ベスト4、ベスト8と書いた選手が悪いということではなく、なぜ彼らが甲子園と書けなかったのか……。

チームの目的がどこから全員一緒ではなくなってしまったのかをもう一度話し合いなさい、と彼らに告げました。

チームワークとはその目的に対して全員が同じ意識を持ち、ベストなパフォーマンスを出せる状態のことを言います。


決してチームワークは「仲がいい」ことではありません。

皆さんも会社という一つのチームに属しています。

組織の中にはチームリーダーがいて、そのリーダーの数によってチームの数が決まります。

つまり、会社というもの自体が1つの組織であり、営業部や広報部といった各部署がチームです。さらにそこから細分化され各課に分かれている場合は、課がチームといえます。またプロジェクトでチームを組むこともあるでしょう。

その「チーム」の目的が一つになっているでしょうか。

・今月の売上目標を必ず達成させよう
・このプロジェクトを必ず成功させよう

全員が同じ目的でなければチームとは言えません。

その目的が一緒であれば達成するまでに方法論で衝突するのは悪いことではありません。ただし、目的が一緒でない衝突はただの喧嘩になってしまいます。


チームは明確に役割分担がされています。

全体の目標や計画、さらに個々のチームメンバーの目標や計画も共有され、共通の認識が保たれていることが大切です。

チームのメンバーが目標やがんばりを共有できるようになるとチーム力が上がります。チーム力が上がるとは一人一人の力がチーム全体になると数値が変わるということです。

よく1＋1＝2ではなく、1＋1が2以上の力になると言われますが、まさにそれこそがチーム力が上がっている状態です。

一人一人が単体のパワーを持っているだけでなく、その結び付き分もパワーになるのです。

その結び付きが糸のようにすぐ切れてしまうものではなく、鎖のように強い結びつきでいれば、その結び付いたパワーの数値はどんどん上がっていきます。

そして、目的を達成するために大切なことがもう一つあります。


目標達成後の自分の姿とチームの姿を強く意識することです。


野球でも、ただ「練習をしなさい」と言ってもなかなか練習できるものではありません。

球速120キロの球を投げたいという目標を作った選手がいたとします。漠然と「120キロの球を投げたい」というのではなく、120キロの球を投げられるよう

になったらどんな自分が待っているのか、そしてそれがチームにどんな影響を与えるのかを強く意識するのです。

その目標をクリアしたら自分とチームに何が待っているのか、そこには達成感と新しい自分が待っているはずです。

チーム力を上げるには、

①明確な役割と目標
②お互いの信頼感
③目標達成後の姿

この3つが大切になってくるのです。

20 チーム内の衝突期を恐れてはいけない

表面上は何事もないかのように仕事をしている

キャッチボール

目的のために本音で衝突してシコリを残さない

では具体的にどのようにチームは作られていくのでしょうか。そしてチームの経過はどのようなものになっていくのでしょうか。

私自身も「チーム」とは何かということを選手や講演会でも時間をかけて話をしています。チームは生き物です。毎週毎週、チームは変化していきます。

ではどのようにチームは変化していくのか。私が野球でチームを預かる時、次のような大きな変革期があります。

①チーム結成期

チームの始まりの期間です。私が重点をおくのがキャプテンと最上学年です。キャプテンと最上学年に「自覚」と「自立」を促す時期になります。またチーム全員に「目的」を意識させる時期でもあります。

②チーム衝突期

衝突という悪い言葉に聞こえてしまうかもしれませんが、衝突が全て悪いわけではありません。ではいい衝突と悪い衝突の違いは何でしょうか。それは「目的」に対しての衝突なのか、ただの衝突なのかの違いです。

チームの目的が「県大会優勝」だとします。その目的のための衝突であればそれはいい衝突だと言えます。

「もっとバントをしよう」

「いや、打って勝つべきだ」

こういう意見の交換ができるのは「仲良し集団」になっていない証拠です。優勝という目的が同じでありながら方法論で衝突している状態です。現に私が指導してきたチームでいいチームというのは「正しい衝突」がありました。

③チーム一丸期

衝突期を抜けると、選手の役割やチームの目的がはっきりしてきます。全員がチームの目的のためにがんばろうと思えてくる時期です。

この頃になると選手の中に自立も見え始めてきます。

ただ、衝突期からの軌道修正を指導者が間違えるとこの一丸期がやってきません。また、何も衝突がない慣れ合いだけでやってきたチームにもこの一丸期はやってきません。

④チーム完成期

最後の共通のゴールに向かってチーム全員ががんばる時期になります。

まさに「一致団結」と呼ばれる時期です。それぞれがチームに誇りを持てることでベストなパフォーマンスが出せるようになります。

この①～④の中で一番大切なことは何でしょうか。

それは②から③への過程です。混乱期をいかに乗り越えるかが「成果の出るチーム」になるための最重要ポイントになります。

チームの目的への意識が薄くなると目的よりも「仲がいい」ことを優先し始めます。

こういうチームの怖いのは、本音では不満や不信感があるのに、表面上は仲良く問題がないかのように振る舞っておきながら、陰口を言うチームになってしまうことです。

会社では普通の顔をして接しているのに居酒屋で数人が悪口を言い合っている状態がこれです。

とはいえ、本音を言い合っていがみあい、シコリを残してはいけません。人間は衝突を避けようとしますが、

①明確な役割と目標
②お互いの信頼感
③目標達成後の姿

がしっかりできていれば衝突をしてもシコリは残らないものです。

皆さんの会社ではどうでしょうか。

ウチの部署はみんな仲がいい、そう思っていらっしゃるかもしれません。仲がいいことは悪いことではありません。

ですがすべては目的のためです。

私の知っている甲子園常連校では練習中にも選手同士が衝突を起こしている場面

を何度も見かけます。

ただ「甲子園のために」という目的はぶれないのです。いわゆるいい衝突。

仲がいい、仲が悪いということを一番に考えるのではなく「目的のために」が最優先されるのです。

今の皆さんの会社の目的は何でしょうか。

部署やプロジェクトチームの目標は何で、そこに向かっているでしょうか。

衝突期をどうしたら一丸期に変えられるのか、上司のあなたが見る眼を持っていなければ変えられません。


チームは生き物です。

会社も生き物です。

21 上司が部下に与える一番大切な力とは？

上司が上に立っているだけでは思うように動かない

キャッチボール ↓ 部下を元気にさせる力が希望につながる

リーダーの人間でチームは大きく変わります。

チームを作る際、このリーダーたちの考えでどのようなチームになるかが決まるわけです。

部長、課長、係長…もしくはプロジェクトリーダーや倉庫長、ブロック長……企業にはいろいろなリーダーが存在します。

リーダーであるあなたはどこにいるでしょうか。

リーダーは基本的には前に立ち、みんなを引っ張らなくてはいけません。リーダーのその背中を見て後にいる人間たちもがんばろうと思うものです。

ずっと前にいて引っ張っていたら、後ろのほうの人間が疲れてきているのがわかります。そういう時は、

励ましの言葉を伝えるために後ろに行き背中を押してあげることも必要です。


もしくは一番前で引っ張ることの大切さを2番目の人間に経験してもらうために先頭を変わることもあります。「俺が一番だ」と常に前にいては後ろの人間のためにもなりませんから。

ではリーダーが立ってはいけないのはどこでしょうか。

それは「上」です。

上から部下を見下ろし「早くしろ」などと口は出すけれど何も行動しないことが一番良くありません。

考えればすぐにわかりますが、このような上司に部下がついていくわけがありません。

上から見下ろしているのは「リーダー」ではなく「ボス」です。

会社の経営者がカリスマ性を持つ「ボス」であり、成功する例がありますが、それは珍しい例と言えます。


リーダーは目的を持った「チーム」を編成しますが、ボスに集まる人間はチームではなく「群れ」となってしまいます。


少し前に「35歳の高校生」というドラマがあったのをご存じでしょうか。

そのドラマの中で「スクールカースト」という言葉がありました。

クラスの全員がAチーム、Bチーム、Cチームとランク付けされ、Aチームの生徒におびえ、Aチームの生徒に絶対服従するという展開。いわゆる「群れ」の状態です。

番組当初はその「群れ」だったものが、米倉涼子さんという「リーダー＝キャプテン」の登場で個を認め合う「チーム」に変わっていくストーリーでした。

あのドラマのようにボスの力が強くなりすぎると部下たちはボスに怒られないように、ボスの機嫌を損ねないようにすることだけを考え、本来の目的や仕事をしている意味が失われてしまうのです。

リーダーは先頭に立ったり、時には場所を変えたりしながら部下を引っ張るのに対してボスは上から動きません。

その結果、チーム全体を引っ張るどころか、チームの足を引っ張る存在になっているのです。

ではリーダーに一番必要とされるものは何でしょうか。

いろいろあると思いますが、根源にあるのは「部下を元気にさせる力」です。目標を達成するにしても部下が元気でなければプロジェクトは動きませんから目標は達成できません。

では人を元気にする力とは何でしょうか。

それは「希望を持たせる力」です。

私は野球の指導者を長年してきましたが、子供を指導する上で一番大切にしていたことがこれです。

希望を持たせるということは可能性を探す、可能性を残す力です。

1パーセント2とパーセントには大きな違いはありませんが、1パーセントと0パーセントでは大きな違いがあるのです。

その1パーセントの可能性の数値を少しでも上げていくことが管理職には求められます。

逆に部下の可能性を最初から見いだそうとしなかったり、可能性を奪いとるような上司は部下に「希望」ではなく「絶望」を与えます。

残念ながら可能性の数値を上げるのではなく、下げてしまっている上司がたくさんいるのも現実なのです。

部下に元気を与えるためには、まずは自分が元気でなければいけません。

シャンパンタワーはてっぺんからお酒を注がなければ全部のグラスに行きわたりません。

上司であるあなたが体や心を病んでいては部下に元気を与えることはできません。

体だけでなく心の自己管理も上司であるあなたの仕事です。

あなたが元気で……部下も元気でいる。元気な会社には補欠はいません。

22 こんなときに部下は会社を辞める

考え方の小さなズレが大きなズレに繋がる

キャッチボール 仕事の与え方が適正かを考える

我々が少年野球をしていた時代と変わり、今は子供も大人も野球チームに対して様々な考えを持っています。

練習が厳しくても強豪チームに入団したい親子もいれば、ただ純粋に野球が楽しめればいいと考えている親子もいます。また、お当番やグラウンドの有無などもチーム選びの一つとして考えられています。どれが正しいということはなくそれだけ選択肢が増えていると考えられます。ですからチームに入団する前に嘘偽りなくチーム理念や方針を説明することが大切になってきます。

現在、社員の人手不足は深刻な問題です。特に中小企業の人手不足は会社を揺るがす問題にも発展しています。新入社員の3割は3年以内に会社を辞める時代です。

退職といっても、「いい退職」もあります。この会社で成長できたから独立をしたいという社員もいることでしょう。会社にとっては大きな痛手になりますが、これは「いい退職」であり、それを応援することで円満退社となります。

また、円満退社だからこそ退社した人間が独立後にビジネスパートナーになるケースもあります。

上司の人間が避けなければいけないのは「悪い退職」です。その中でも一番問題になるのは優秀な人間がいきなり退職を申し出てくるケースです。

仕事もできる人間で、将来を有望視していた部下が、突然「退職したい」と言ってくるケースは少なくありません。「何で、突然、君が……」とびっくりされるかもしれませんし、彼らにとっては突然ではなく長い時間、会社での不満があっての行動だったと言えます。

そこには上司と部下の「考えのズレ」が生じていたケースがあります。

若い世代は給料や出世以上に「成長できる場」を探しています。つまりあなたの会社が「成長できない場」だと判断された場合に、彼らは辞めていくわけです。

毎日同じ仕事を繰り返すことを「ルーチンワーク」と言います。人によってはこのルーチンワークのほうが向いている人間もいますが、成長したいと考えている人間にとってはできるようになった仕事を毎日繰り返しているのが苦痛になってきてしまうものです。

日々同じ仕事をしているわけですから当然作業が早くなっていきます。上司からすると「仕事が早くできる人間」という評価になっていますが、本人にしてみると「毎日同じことをさせられている」という考えのズレが生じています。

野球でも小学校と高校では練習内容は変わります。野球の知識が増えたり、体の使い方を覚えたりしていくことで難しい練習メニューに挑戦し、野球の奥深さや本当の楽しさがわかってきます。

毎日、同じ仕事をしているうちに「この仕事は自分でなくてもよいのではないか」「もっと新しいことに挑戦してみたい」そういう思いがどんどん強くなり退社に繋がってしまうのです。

会社の中には入社したての人間もいればスキルアップまでに時間がかかる社員もいます。その社員の仕事が捗らないからといって仕事が早い人間やスキルアップできている人間に回してはいないでしょうか。

当然、会社内で助け合いは必要です。ですが、毎回毎回そうなってしまうと「他の人の仕事を毎回押しつけられている」さらにその仕事をして帰りが遅くなれば「何で自分が……」と思ってしまうのは感情的に仕方がないことです。

上司は仕事が早いからコイツに任せよう、コイツならやってくれるはずだと思って頼むのですが、当の本人はそうは思っていないこともあるのです。

ではどうしたら部下の退職を防ぐことができるのでしょうか。

①会社の目指すところを確認する

なぜ今この仕事をしているのか。その仕事が会社や世の中の人のためにどれだけのメリットをもたらすのかを確認すること。上司と部下が山を見ているとしても「違う山」を見ているのかもしれません。

②今の位置を確認する

会社の目指すところは納得していても、自分の立ち位置に満足していない状態が長く続いていることによって不満を持っている社員がいます。じっくりと話を聴くことはもちろんですが、「会社の都合だけ」でやりたくない仕事を押し付けている場合があります。

本人がもっとベストなパフォーマンスを発揮できるポストであったり、配置転換をすることによって「成長の場」を与えられることもできるはずです。

退職を防ぐために必要なのはコミュニケーションと環境づくりです。

私の知り合いで「1対1ランチ」を実施している方がいます。数か月に1回部下と1対1でランチをするそうです。前もって言うと部下が構えてしまうので当日にいきなり指名して1対1で食事をしてコミュニケーションを取っているのです。

その話から部下の持っている悩みを聞き「成長する場」を与えたりすることもあるそうです。優秀な社員が辞めるというのは、野球で言えばエースが辞めてしまうことと同じです。

少年野球でもよくある話ですが、一人が退団をすると次々に退団者が出てくるケースがあります。

チームからすれば、「何でこんなに突然……」「最初に辞めたヤツのせいだ！」という人もいますが、今までチームに不満があったのを我慢していただけにすぎません。一人の退団がきっかけとなっただけです。

会社でも次々に辞めるケースは内面で見えていなかった部分が表面になって見えただけのことです。

23 部下はわかってくれているという危険な考え

社員を使い捨てのように考えていないか

キャッチボール ↓ 上司と部下の共有が大事

社員が辞めてしまうのは「成長の場」を求める以外にもあります。もっと根本的な部分です。いわゆる、会社の環境や体制の問題の話です。

お子さんを少年野球に入団させようと思っている時に、チームの環境や体制を入団の判断基準にすると思います。

指導の仕方、チームの強さ、グラウンド、部費、お当番……お子さんに少しでもいい環境で野球をやらせてあげたいと思うのが親の本心です。

新入社員や転職者が辞めたいと言ってきました。

・会社の理念と合わなかったのでしょうか？
・社員に我慢が足りなかったのでしょうか？
・給料に問題があったのでしょうか？
・休日に問題があったのでしょうか？
・人間関係に問題があったのでしょうか？

いろいろなケースが考えられます。これは「成長の場」ではなくなったといって退職するケースと違い、会社の体制側の問題です。

少年野球でも最初の話と入団後の話が全く違うといってチームを去るケースがあります。

・少人数制だと聞いて入団したのに1学年50人くらいいた。

・母の当番はないと聞いていたのに入団したら当番をやらされた。

こう言ったケースは入団前の話と入団後の話を変えたり、グレーにしていることが発端で起こります。会社でも、

・残業時間の話が違う
・残業代が全く支払われない
・休日出勤が多い

このように最初の説明と違うことが不満になり会社を辞めてしまうことがあります。こういう会社は「入社させてしまえば何とかなるだろう」という考えが根底にあります。この「なんとかなるだろう」という考えを持っている会社は危険です。社員が辞めても自分たちに問題があるとは考えず「今の若い人間は根性がない」などといって体制を変えようとしません。

社員を「使い捨て」のように考えている会社もあります。

誰かが辞めても「なんとかなるだろう」と思っていますから根本的な解決にならずに離職率が高い会社になっているのです。

では会社を辞める人にはどのようなケースが多いのでしょうか。

①残業が当たり前で残業代が出ない
②休日出勤が当たり前のようにあり、その分の代休や報酬がない
③有給休暇がもらえない
④冠婚葬祭でも休めない
⑤就業規則がない
⑥ノルマが異常に多い
⑦昇給が全くない
⑧会社を辞めさせてくれない

⑨常に求人広告が出ている
⑩人間関係が悪い

あなたの会社は何個該当したでしょうか。

これら全ては会社の体制側の問題です。サービス残業や休日出勤が当たり前というのは、今の時代では「ブラック企業」とみなされてしまいます。

それでも休日出勤やサービス残業を多くしている企業が多いのが現実です。サービス残業や休日出勤を拒もうとすると今度は力づくで部下に言うことを聞かせようとします。

これが今の時代では「パワハラ」と呼ばれてしまうのです。

サービス残業や休日出勤をしなければ会社が回らないということが体制上の問題であり、このような会社は常に人手不足の状態に陥り、時には会社の存続自体にも関係してくるのです。

「社長の俺も大変なんだからみんなも残業や休日出勤をしてくれ」という考えには

無理があります。そこを経営者と社員で「共有」することは難しいのです。

経営者であればその考えではなく、残業や休日出勤を少なくするためのシステムを考えるべきです。


生き残っていくのは部下と管理職と経営者が「共有」できていく会社です。


社員に過度の休日出勤や残業をさせている会社が志を共有できるでしょうか。

私の知り合いの経営者も申し訳ないと思いながら社員に残業や休日出勤をさせていました。

でも心の中で「社員はわかってくれている」そう思っていたそうです。

そんな中、社員が次々に辞めていきます。この社長さんは社員に「今の会社は働きがいがありますか?」そうアンケートを取りました。

「いつまでこの状態が続くんですか?」

「休日出勤ばかりで自分の時間がありません」

「休日出勤の代休は取らせてもらえないのですか？」

「有給休暇を使いたいのに言える雰囲気ではありません」

そこには社長さんが思っている以上の言葉が並びました。

どれだけ嫌な思いで仕事をさせていたのだろうかと涙を流して社員に謝ったそうです。そこから社員に気持ちよく仕事をしてもらうことを一番に考え、この会社は今変わろうとしています。

「この会社で働きたい」

「この会社に誇りを持っている」

そんなふうに社員に思ってもらうには、今まで「ごまかしながら貫いてきた社長のための体制」を改めなくてはいけません。


「部下を犠牲」にしている会社に未来はありません。

部下を会社の犠牲にしていませんか。

もっと言えば社長や上司であるあなたの犠牲にしていませんか。

野球では「犠牲バント」という言葉があります。自分がアウトになってランナーを一つ先に進めることです。

私はこれを「犠牲バント」ではなくチームに貢献してくれた「貢献バント」だと思っています。

皆さんの部下は会社に貢献しようと思ってくれているでしょうか。会社の犠牲になっていると思ってはいないでしょうか。

何も言わないから大丈夫だろう。

そんなふうに思っているかもしれませんが……社員がみんな辞めていくことになる前に本気で体制を変えるべきです。

24 役職は自分の能力ではない

役職を振りかざしていないか

キャッチボール→部下は上司の人柄についてくる

野球にはバックアップというプレーがあります。それはチームのミスを最小限に食い止めるものですが、子供たちにはもうひとつの意味を伝えてきました。

外野フライが上がってダイビングキャッチをしようかどうか迷っている時、

「あいつが後ろに来てくれているはずだ！」

「俺がバックアップに来ているぞ」

という信頼関係があるからこそダイビングキャッチができるわけです。

バックアップ……「後ろ盾になること」と辞書には書いてあります。そして「後ろ盾」は、「陰にあって力を貸し、背後を守るもの」そう書いてありました。

ですから、ダイビングキャッチをした時は……ダイビングキャッチをした選手はもちろんですが、思い切ったプレーをさせるために「バックアップ」に行った選手との二人のファインプレーとも言えます。

しかし、仲間が全速力でバックアップに来てくれたのに勇気あるプレーができない選手もいます。

練習で外野フライを打っている時に思い切ったプレーをしない子がいました。

「後ろを見てみろ。お前に最高のプレーをさせようとコイツは全力で走ってきたんだぞ。お前が全力でプレーしないでどうするんだ」

後ろ盾になっている選手が息をハーハーさせています。

バックアップに来た選手がダイビングキャッチをするか迷った選手に「いけー！」と声をかける子もいました。ダイビングキャッチしようかどうか悩んでいる選手には勇気を持たせてくれる言葉だったはずです。

なかなか思い切ったプレーをできない選手がいるかもしれません。でも「俺のためにがんばってくれる仲間」がいる。そう思うことによって子供は思い切ったプレーをしようとするのかもしれません。

このバックアップの考えは、管理職の皆さんにも通じるところがあります。

「俺が責任を取るからこの企画を任せる」

「あなたがうまくできなくても、それは上司の私の責任だから、あなたらしく頑張ってくれればいい」

そんなふうに言ってくれる上司がいたら部下の人間はこの人のためにがんばろうと思うものです。

もし、それが言えないとするならば一番の原因は「保身」にあります。

こういう人は部下のミスを部下だけのものにしようとします。自分が上司や取引先に謝りに行く時に部下だけに謝らせようとします。バックアップをしてくれる上司とは言えず、人が付いてきません。

野球チームの中には役職と呼ばれるものがいくつかあります（役職と言うのかど

うかわかりませんが）。会長、副会長、審判部長、婦人部長、父母会長、監督……

ざっと挙げるだけでもこれぐらい出てきます。

時にこの「役職」を振りかざす人がいます。親御さんに対して、

「おい！草むしりやっとけよ」

「ネットの補修まだかよ」

こんな口調で話すのです。

仮に正しいことを言っても「口の利き方」で損をしている人っていますよね。


口の利き方ひとつで自分の「偉さ」を強調しようとする人がいます。


「役職」とは役割分担です。役職に就いても尊敬できる人間というのはその「役割」を子供のために一生懸命に尽力してくれるから周りの人もついていくのです。

子供のためにという少年野球の一番大切な概念を忘れ、「私利私欲」のために監督をしている人には周りの人間はついていきません。

こういうタイプの人は「役職の権限」を「自分の能力」と間違えています。

本人ではなく役職で周りの人が従っていることが見えていません。自分の能力に人が付いてきていると勘違いしています。

皆さんは社内で「役職の権限」を「自分の能力」と間違えていませんか。上司は上に立てば立つほど大変です。管理職になれば自分だけではなく部下の責任も自分にかかってきます。

私がずっと前にお世話になっていた会社で、何かあるとすぐに「俺が責任を取るから」という上司がいました。

私からするとそれほど重要でもないと思われることにもこの言葉を使うんですね。そしてともかくこの言葉を口にするのが早いのです。

もっと考えれば解決策があるかもしれないと周りは考えるのですが、この言葉をすぐに言うような人は物事をあまり冷静に考えず、発しているケースが多いような気がします。

「俺が責任を取る」とすぐに口に出す上司は結果的に何の責任を取ることもしませんでした。それどころか部下に責任をなすりつけて「責任逃れ」をするような管理職でした。

もちろん本当に「責任を取る」と言って実行してくれる上司もいることだと思います。

ですが、大した問題ではなかったり、常日頃から「俺が責任を取る」という言葉を繰り返す人間の中には信用できない人もいるのです。

管理職は「偉い」のではなく「エライ」仕事を引き受けてくれている役割にいるだけです。

「エライ」役で部下のためにがんばってくれるから周りからも尊敬されるのではないでしょうか。

役職で部下が付いてくるわけではありません。人柄で付いてくるのです。

25 こんなタイプの部下がいたらどうしますか？

部下は認められたい気持ちをもっている

キャッチボール
個々に合ったアドバイスをする

●やる気があるのに空回りするタイプの部下

少年野球には、やる気はあるのになかなか技術が上達しない選手がいます。努力をすることは大切ですが、「努力をすれば何とかなる」と思っているタイプです。方法論が間違えていることが多く、間違えた練習方法や自分に合わないバッティングフォームで素振りをしている選手。「練習は嘘をつかない」と言いますが、間違えた練習は嘘をつくのです。

社員の中でも「アイツ、やる気はあるのになあ……」そんな部下もいると思います。彼らは「やる気」という一番とも言える武器を持っています。こういう部下に上司であるあなたはどのように接していけばいいのでしょうか。

①具体的な方法論を示す

営業トークが万全でないのに営業に行く数を増やせばどうにかなると思っている部下と、具体的な営業トークや戦略を一緒に考えてみてください。

野球の素振りもせっかく毎日バットを振っても間違えた振り方で振ってしまっていては意味がありません。数をこなすことが目的ではなく、ヒットを打つための素振りを心掛けなければいけません。具体的な打ち方を指導者が示すように、上司も部下に具体的な方法論を示す必要があります。

②修正の習慣を付ける

がむしゃらにがんばっているのになかなか結果が出ない理由の一つとして「修正

能力が乏しい」ことが挙げられます。何か問題があった時に途中で修正をしないで、「がんばればなんとかなる」とそのまま突き進んでしまうのです。

こういう部下には定期的に上司が現状を把握し、アドバイスをしなければいけません。

「今はどんな状況かな？」

「仕事が上手くいかない原因（目的）を一緒に考えてみようか」

「ちょっと方法を変えてみるか」

こんなふうに上司が声を掛け、なおかつ部下に修正ポイントを考えさせていくことが有効です。

やる気がある人材は上司の言動で貴重な戦力になります。

●やる気が見られないが仕事ができる部下

野球であれば「チームの勝利」のためにという共通の目的があり、その中で一人一人の役割が存在します。ベンチの選手にもその役割がいかに大切であるかを指導者が導き、やる気を持ってもらうわけですが、部下の場合はなかなかそう上手くいきません。

それはやる気の原動力が一人一人違うからです。

会社のためにと思う人間もいれば、一番大切なのは家族であるという人もいるし、お金だという人間もいます。

あなたの会社の中でも仕事ができるのに何となく意欲が感じられない部下はいないでしょうか。こういう部下を放っておくと会社を辞めてしまうケースが多くあるので気をつけなければなりません。

ではこういう部下がいる場合はどうしたらいいのでしょうか。

「意欲がわくものを知る」

これだけです。仕事内容に不満があるのかもしれません。

家族との時間を増やしたいのに休みが取れなくて不満があるかもしれません。意欲がわくものを聞いたからといってすぐに改善することは難しいかもしれませんが、それを知っているか知らないかで対応も変わってきます。

●やる気もなく仕事もできない部下

少年野球でも「この選手はやる気があるのかな?」と思う選手がいます。ただこういう選手は対話を続けていると、やる気はあるけれどやる気の出し方がわからなかったり、何かが原因で野球に対して自信がない選手だったりします。ですから、

「お前は本当にダメだな」

「いつになったらやる気を出すんだ」

といった相手を責めるような言葉は逆効果であると言えます。

皆さんの部下に、このような人間がいても同じことが言えます。

仕事のスキルが身に付き、仕事への意欲を持てるようになる人間もいますが、それは簡単なことではありません。順番で言えば、仕事のスキルアップの前に仕事への意欲を持ってもらうように上司のあなたが導く必要があります。

自信がなくなっているということは自分が会社での存在意義があるのかどうか不安になっているのではないでしょうか。

野球少年にも同じことが言えますが、彼らの多くは「認められていない」という思いを抱いています。こういう部下がいると無理に誉めてやる気を出させようという傾向がありますが、無理に誉める必要はありません。認めてあげることです。

誉めたり叱ったりする前に部下のことをまずは「認める」のです。

きちんと話に耳を傾け「ちゃんとあなたのことを観ている」と認めてあげるところからスタートをすることです。

人間は誰もが「承認欲求」を持っています。そして、人は自分を認めてくれた人に対して好感を持つようになります。

このような部下は認められていると感じるまでに時間がかかるので、上司であるあなたも根気が必要になってきます。

しかし、仕事に意欲を持ち、仕事もできるようになったら上司であるあなた自身の育成のスキルが上がることになります。

よく「子育ては親育て」などと言いますが「部下育ては上司育て」ということでもあるのです。

26 本当の効率化とは何か？

必死になるのは残業をすること!?

キャッチボール 部下のベストパフォーマンスを引き出す

今、少年野球や中学・高校の部活では練習時間を1日3時間以内にするようにというガイドラインがあります。

練習過多を防ぐことや家族との時間を大切にすることなどがその理由です。

指導者には3時間以内にどう練習をやりくりしていくか頭を悩ませている方も多いのが現実ではないでしょうか。「量」は減ってしまうわけですから「効率化」を考えなければなりません。

企業でも同じことが言えます。

昔は、長い時間、仕事をすることが美学のように言われた時代がありましたが、今では長時間労働が問題になり、残業が多い企業は世間から白い目で見られるようになっています。

ですが、仕事は細分化され、人手不足も重なり労働時間を減らすことは現場にいる方々にとっては難しい問題であると言えます。特に中小企業などは、たとえ時間外でも必死になって働かなければ、会社自体運営できないということも十分に理解できます。

ではどのようにして残業を減らしていけばいいのでしょうか。

①上司と部下の意識改革

当然のことながら時間が限られている以上、意識を変えなければこれまでと変わりません。

今までは17時という定時があっても20時くらいまでに終わればいいや……そんな思いでいた意識を変えなければいけません。

上司が定時には必ず帰るといういわば「決意表明」をし、部下は定時から逆算して何時までに何を終わらせるのかを考え、行動に移さなければいけません。20時でもいい……と思ったら行動は20時に合わせてしまうものです。全員で意識を変えていくことが先決です。

②無駄を省く

効率化ということは無駄をいかに省くかです。無駄な仕事があったり、本来そこに時間を掛けなくてもいいところに時間を掛けているものがないかどうかリーダーは総ざらいしなければなりません。

例えば、会議はどうでしょう。決定事項の資料を棒読みで何時間も進行している会議……それは資料だけ渡せばわかることではありませんか。もっと言えば、そもそも会議の必要性がないものも会議にしているかもしれません。決定事項の資料などは配布だけで十分なはずです。

また進行役が演説調で仕切り、同じことを何度も繰り返して言っているような会議も時間の無駄だと思います。

③集中ゾーンを作る

何か急に資料を作成しなければならなくなった……そんな時もありますよね。自分のデスクでパソコンを打ちながら資料を作成していると、電話が鳴って応対したり、上司に違う要件を頼まれたり、本来であれば1時間で終わる資料作成が「ながら作業」になって3時間もかかってしまったということがあります。

私がお勧めするのは「集中ゾーン」です。

会社の一角に一人用の個室を作り、急ぎの仕事がある人間は他の仕事との「ながら」にならないよう「場所」という環境を整えてあげることで効率よく仕事のスピードアップが計れます。

④スキルアップ

仕事の無駄を省き、それでもなかなか残業が減らないというのは純粋に人員に対して仕事が多すぎることが考えられます。

こうなるとシステム上の問題です。仕事を減らすか、人を増やすしかありません。残業が減らない中小企業の多くがこの状況になっています。また、人員は十分に増やしたのに残業がなかなか減らないケースというのもあります。

それは、部下のスキル不足によって時間がかかってしまう場合です。このケースであれば、

A　スキル不足の社員の仕事量を減らす
B　配置換えをする
C　指導時間をとる

この3つになります。

Cは上司であるあなたの仕事時間を増やすことになりますが、長い目で見れば会社の戦力になり労働時間を短縮してくれるものになります。

それでもどうしても残業が減らないという場合は、夜ではなく早朝出勤制度もあります。早朝なので電話もなく、先ほどの集中ゾーンと同じように業務に集中できるという効果があります。

残業を減らす目的は、

①プライベートの時間を増やし仕事へのモチベーションを上げる
②社員の体調管理を良好にしてベストなパフォーマンスを出すようにする

などが挙げられます。

社員を大切にする会社でなければ今は離職してしまう時代です。

「俺たちの頃は、残業なんて当たり前だった」

というようなセリフを若い社員に言っても残念ながらピンと来ないでしょう。かと言って残業を減らしてしまい、業績が落ちては意味がありません。何を残し、何を削るのかを上司であるあなたが間違えてはいけません。

27 部下と言葉のキャッチボールができない上司の投げるボール

コミュニケーションは育成に不可欠

キャッチボール→相手の技量や心を想ってボールを投る

キャッチボールは野球の基本だと言われます。そして、キャッチボールは捕る相手のことを考えて投げなければいけません。

言葉のキャッチボールでも同じことが言えます。皆さんは部下のことを考えて言葉を投げているでしょうか。

①相手のことを考えずに速い球を投げる上司

「お前は何をやってもダメだな」

「早くやれよ！」

相手がどう思うかなど考えずにどんどんと速く厳しい言葉を投げ込んでくる上司です。それは部下を思っての愛情ではなく相手を奮いたたせるためでもなく、自分の感情というボールです。

②相手が準備していないのにボールを投げる上司

新入社員やアルバイトの人間はまだわからないことだらけです。自分は経験があるからといって専門用語を投げる上司がいます。新入社員は当然その言葉がわかりません。

そうすると、

「こんな言葉も知らないのかよ」

「少しは勉強してこいよ」

こんな言葉を投げてきます。

最初はみんな新人です。上司であるあなたもそうだったはずです。自分の常識が世間の常識ではありません。

③経験者に遅いボールを投げる上司

「キャッチボールで捕りやすい球を投げなさい」

というと遅いボールを投げる子がいますが、経験者にとって遅いボールは逆に撮りづらいものです。遅いボールを捕って誉められても経験者は別に嬉しいわけではありません。誉める場所が違うのです。

経験者やベテラン社員が簡単な仕事をこなした時に、

「こんな仕事もできるんだね」

「すごいね」

など相手の力量を見誤って誉めたとしても相手はいい気持ちがしないものです。

相手の力量に合ったボール（言葉）を投げることで部下の人間はやる気を出すこともあれば失くすこともあるのです。

④投げる言葉が変化球すぎる上司

部下に嫌われる上司というアンケートの上位に「嫌みな上司」が入ります。

「こんなことも知らないの?」

「期待していないけどがんばって」

こういう言葉を言ったら相手がどう思うだろうか……という想像力が足りない証拠です。時には言葉の変化球が必要な時もありますが、そこは「相手を思う」という前提があってこそ。嫌みという変化球を受け取った相手がいい気持ちでいるわけがありません。

⑤なかなかボールを投げない上司

相手がボールをずっと待っているのになかなかボール（言葉）を投げない上司がいます。タイミングが合わないのです。

「今、ここでどうしたらいいのだろう」

上司の指示やアドバイスというボールを投げて欲しいのに上司がそれに気が付い

ていないパターンです。どの言葉を掛けたらいいのかということも大切ですが、ボールを投げるタイミングも重要です。

キャッチボールで一番大切なことは何でしょうか。相手を「想う」ことです。「思う」のではなく「想う」。「相」手の「心」と書いて想うです。

自分が投げたいボール（言葉）を投げるのではなく、相手の技量や心を想ってボールを投げ込むことです。

キャッチボールはコミュニケーション。そしてコミュニケーションは部下を育成するために必要不可欠なものです。

部下のことをよく知り、観ていなければ投げるボールを間違え、コミュニケーションも取れません。

キャッチボールは投げ手と受け手がいます。投げっぱなしではなく相手がきちんと受け取れたかどうかを確認しなければいけません。

それが「伝えた」ではなく「伝わった」こととなるのです。

「自分の言葉に責任を持って指導すること」

横浜DeNAベイスターズ
田代富雄
コーチ
×
年中夢球
（本間一平）

田代富雄　1954年7月9日生まれ。神奈川県出身。藤沢商高から72年に大洋ホエールズにドラフト3位で入団。オバQの相性で親しまれ、活躍。91年に現役引退。その後、横浜大洋、横浜、韓国・ＳＫ、東北楽天、巨人でコーチを務める。2019年に横浜DeNAベイスターズにコーチとして復帰。現在はチーフ打撃コーチを務める。

年中夢球　今回、田代さんにお話を聞こうと思ったのは、名伯楽と呼ばれ、いま活躍する多くの選手を指導し、さらにはその選手たちから慕われているということで、どういう方法で選手たちに指導しているのか知りたかったからです。それは、会社で部下への指導に悩む人にも響くのではないかと考えました。まずお聞きしたいのですが、田代さんが現役時代に印象に残ったコーチはいますか？

田代　小森光生さんですね（大洋ホエールズ＝１９８２－１９８４　一軍守備・走塁コーチ）。関根監督時代に伊東キャンプがあったんですが、これが地獄のようなキャンプでね。小森さんは、練習でもなんでも辛抱強くて、一人で一日中ノックをしてくれたんだけど、嫌みがないんですよ。選手をなんとかして一人前にしてやろうという気持ちを選手たちが感じていた。その時の小森さんの指導というのが自分にとっては今も生きていると思っています。

年中夢球　田代さんを見ていると、選手の悪いところはあまり矯正しないように見えるのですが。

田代　そう。悪いところや気になるところってみんな持っているんですよ。それを直すといいところまで変えることになってしまい、それが怖い。だからいいところを徐々に伸ばしていくという考え方。そうすると気になるところが気にならなくなってくるんです。いつもそういう考えで選手を指導しています。

年中夢球　会社にもいろんな人がいて、それぞれ個性があると思うんですが、みんな同じように導いていくのではなく、それぞれのいいところを見つけて、それを大事にしていくと悪いところが目立たなくなるというイメージなんですね。

田代　だから打撃フォームなどは基本的にはいじりません。特に一軍とファームは違って、一軍で活躍する選手は自分の型ができているので、下手にいじるとバランスが崩れてしまい余計迷うことになる。だから変える必要がない。ただ、ファームの場合は、まだ模索中の選手も多いので、本人に「こういうのをやってみなよ」とは言いますね。

年中夢球　ベテラン選手の扱い方というのはいかがですか？

田代　ベテランってこれまでやってきたプライドもあるから、まずはそれを認めることですね。力が衰えてくるのは本人が一番わかっているので、もどかしいところもあるんだと思います。だからこそミスに対し、「どういうことだ！」みたいに頭ごなしに言うのではなく、これまでの実績を認めたうえで、接するようにしています。

●信用されなければ何を言っても選手の心に届かない

年中夢球　田代さんがメモをしている姿をよく目にします。

田代　すぐ忘れちゃうんですよ（笑）。メモをする一番の理由は、違ったことを選手に言わないためです。選手に一番信用されないのは、前言ったことと違ったことを言う人です。自分の現役時代を考えても、そういうコーチがいて、やっぱり信じられなかったですし、その人の言葉って自分の中に入ってこないですよね、一度そう思うと。

ただ、野球ってそんなに違うことを教えるわけではないんだけど、より伝わるように言い方を変えたりするので、その時にメモを見ますね。極端なことを言うと、何月何日にこういった、みたいなことをチェックして、前はこう言ったけど、ちょっとやってみなよ、という感じ。

年中夢球　言われたほうとしては、以前に言われたのにまだできていないんだ、ということで反省しやすいところもありますね。

田代　いま巨人のコーチをしている村田修一なんかは、ベイスターズ時代（２００３－２０１１年）にフォームを作っている時期があって、ちょっと気を抜いたから、それをメモしておいて、成績が落ちたときに「前にこう言っただろ」なんて言ってハッパをかけることがありましたね。

年中夢球　たしかに会社でも上司の言うことがコロコロ変わるので、部下が迷ってしまうという話が多いですから、メモをすることでブレないというのは、信頼度を高めることに繋がりますね。いま村田さんの話が出ましたが、田代さんが印象に残っている選手はいますか？

田代　村田もそうだし、吉村裕基、内川聖一（現・ソフトバンクホークス）、楽天なら銀次、枡田慎太郎、ジャイアンツの岡本和真……。もっといるけど、名前を上げないと怒る人もいるかな（笑）。でもよく怒ったよ。

年中夢球　怒ることはあるんですか？

田代　そりゃ、ありますよ。でもそれも計算の上なんですけどね。ただ怒りに任せて怒るようなことはしません。

年中夢球　田代さんの言うことを聞かないという選手はいたんですか？

田代　それはいなかったですよね。でも自分を持っている選手が多くて、そういう選手は我が強い。だから自分を曲げないような時は、本人のやりたいようにやらせちゃう。そうするとうまくいかなくなるときがくる。その時に言葉をかけてどうしたらいいかを一緒に考える。

その際に大事なのは相手の話を聞くことですね。まずは疑問に思っていることや悩んでいることを吐き出させるんです。こちらが先に、そして一方的に言葉をかけてしまうと、本人がどう思っているのかがわからないままになってしまうからです。

年中夢球　そういう相手の気持ちを考えるところが選手から慕われる理由なんでしょうね。

田代　そうでもないよ（笑）。ただ、プロ野球の世界って、苦しい場所なんですよ。しかも一人だと苦しい。だから選手ごとに話を変えながら、一緒になって考えるようにしているんです。

たとえば、細川成也（外野手）なんかには、「打てなかったら横須賀（ファーム行きの意味）だぞ！」なんてプレッシャーをかけます。彼は、心臓が強いから、そういう言葉をかけて燃えるタイプ。その辺はひとりひとりを見ています。中心選手である筒香嘉智（外野手）にはもう言うことなんてないですよ。自分のことはもちろんだけど、チームのことも一生懸命になって考えている。しかもそれが入団したときからできているんだから、すごいことですよ。

年中夢球　筒香選手から打撃を見てほしいと言われることはありますか？

田代　ありますが、本人がいろいろ考えながらやっているから、気になったことだけを言う。普段からあれこれ言うことはありません。

年中夢球　ではスタメンではなくベンチスタートの選手にはどう言葉をかけますか？会社でもいまの仕事に対してモチベーションが上がらないという人がいると思いますが。

田代　単純ですよ、「腐らないでやれ」「いつかはチャンスがくるよ」ってことです。この世界は、チャンスが１００ある人もいれば、20しかない人もいる、さらには１しかない人もいる。それをモノにしないと生き残れない。だから、バッターボックスに立った時が唯一のチャンスで、そのための準備は試合に出ていないからこそ、しっかりしておかないといけない、ってことですよ。

年中夢球　会社でもチャンスはいつか回ってくる、だからこそ周囲の人に認めてもらえるようにその仕事に対する知識を増やしたり、人脈を築いておくことが大切なわけですよね。「俺にはチャンスを与えてくれない」なんて腐っていたら、その少ないチャンスを逃してしまうことになると。

●自らの役割を把握し、実践することが重要

年中夢球　ところで、田代さんは、選手と食事に行くことってあるんですか？

田代　遠征先で入ったお店で偶然一緒になった時に食事をすることはありますが、基本的に、選手と食事をすることはないですね。だからグラウンド内でコミュニケーションを図るようにしています。ファームで指導していた時代で寮にいたときは、「食い方に迫力がない！」「身になる食い方をしろ！」なんてワイワイ言いながらやっていましたけどね。

年中夢球　指導者とのコミュニケーションということで思い出す人はいますか？

田代　関根潤三さん（大洋ホエールズ監督＝1982－1984年）ですね。決して感情を表に出す人ではないんだけど、練習に妥協がない。優しいような声で「田代、がんばれー」と言うんですが、伊東キャンプでは死にそうなくらい練習しました。「田代キツイか」って言われたので「はい！」と答えたんです。少し緩くしてくれるのかなと思いきや決してそんなことはない（苦笑）。

年中夢球　そういう意味では厳しい人だったんですね。

田代　4番を打っていた頃、広島戦だったかな、全然打てなかった時があって、ホテルに着いたら「田代、楽な打順で行こう、6番な」と気にかけてくれたんです。肩の力を抜いて打たせようという思いだったんでしょう。でも4タコ（4打席ノーヒット）だった。そうしたら、「田代、お前に6番は似合わない、明日から4番でいけ」って言ってくれて、涙が出ましたね。たとえ成績が悪くても、やっぱりそれぞれの選手に合った場所というものがあるんだということを教えてくれましたね。

年中夢球　楽天時代の星野監督はいかがでしたか？　関根さんとは対照的に喜怒哀楽を表に出すというイメージですが。

田代　怒っている印象が強いですけど、すべて計算しているよね。選手に気合を入れるように仕向けている。試合前なんかはここでは言えないような、本当に他愛もない話をしているんだけど、でも18時を越えると人が変わる。ロッカールームに蚊やハエが飛んでいたとしてもスーッと落ちていくくらいピリピリした空気がありましたから。まさに戦うチームづくりをしていましたよね。

年中夢球　コーチが怒られるようなことはあったんですか？

田代　そりゃありましたよ。佐藤義則コーチとかピッチングコーチなんかは怒鳴られていましたよ。俺はそれほどでもなかったけど。

年中夢球　監督と選手の間に入るわけですけど、難しさってありますか？

田代　それぞれの持ち場があって、そこで選手をいい状態に持っていくのが仕事だから、俺はそんなに間に入ってどうこうってことはなかったですけど、その役割はヘッドコーチが担うんですよね。もちろんチームで違うとは思いますが。あとはファームのコーチとの確認はしますね。どういうことをしてきたとか、どんな状態かということを把握するためです。

●指導するには言葉に責任を持つこと

年中夢球　チームにとって一体感って大切だと思います。これは会社でも同じことがいえますが、長いシーズンだと一体感がなくなることもあると思いますが、そんな時はどうされますか？

田代　言葉ですよね、声掛け。選手の気持ちに響くようにするには、どういう言葉をかければいいか考えます。具体的な狙い球をどうするって話も重要なのですが、一体感を高めるには、いかに気持ちをまとめられるかだと思います。あとは自主性を重んじます。

年中夢球　コーチとしては管理をしないといけないのに、自主性を大切にするというのは矛盾するものがありますよね。

田代　自主性といっても、最初に管理があってのものです。まずは最初にきちんと教えて、そこから自主性を出せるような環境を作るのがコーチのやることだと思います。なんでも教えるのでは選手は伸びません。自分で考える時間ってとても重要なんです。

年中夢球　会社でも、なんでもかんでも教えてしまうと、応用が利かず、いざというときに自分の力で解決できないということになりかねません。では、選手とコーチの間で必要なものってなんですか？

田代　そいつを何とかしてやろうと思う気持ちですよね。もう自分が現役で目立とうとしなくていいわけですし、プロに入ってくる選手というのは、必ず何かいいものを持っている。それを伸ばしてあげたいという気持ちをもって指導できるか、ではないでしょうか。

年中夢球　以前読んだ記事で、梶谷隆幸選手（外野手）はプロで通用しないと思ったとか。

田代　彼だけですね、そう思ったのは。非力だったし、この世界に入ってきて心細かっただろうし、大丈夫かな……って。でもそこから凄い努力をして、いまの梶谷を作った。でも彼が伸びたのは俺がベイスターズを一度辞めた後だから、本当に俺は見る目がないな、って思った。

年中夢球　では最後に、指導者として幸せを感じる時ってどんな瞬間ですか？

田代　プロ野球の世界だから、結果ですよね。それだけ。選手にはいい思いをしてほしい。細川成也はいまなんとか主力にまで引き上げたいし、佐野恵太や伊藤裕季也など若い選手をクリーンナップに育てたいですね。やっぱり指導するには、言葉に責任を持たないとダメなんですよ。言葉に責任を持たず、言うことがコロコロ変わるから選手に舐められる。若い選手だからって、上から目線ではその言葉も伝わりません。彼らの個々のいいところを伸ばし、いい成績を残して、うまい酒を飲めたらコーチ冥利に尽きるってところじゃないでしょうか。

（2019年8月17日収録）

●田代さんとの対談を終えて

じつは私と田代さんとの付き合いはもう40年以上になります。私が幼稚園の頃からです。

大洋ホエールズ時代にホームランバッターとして活躍した田代さん。ヘルメットに輝くホームランの「☆」は当時の大洋ファンの憧れだったことでしょう。

それから名伯楽と言われ数々の名選手を育てた田代さん。村田・内川・銀次・岡本・筒香……その選手は数え切れないほどです。そしてなぜ、田代コーチがたくさんの選手に慕われるのか今回の対談でわかったような気がしました。

それは、「見守られている温度」が選手にとって心地いいからだと思います。

「若い選手が自分でこうやって打ちたいと言ってきたらどうしますか?」という質問に「とりあえずやらせるよ。でもさ、だいたい上手くいかないんだよ。だから、その後に指導をする」

と答えてくれた田代さん。

一回本人が納得するまでやらせてみることが大切なんだと改めて感じました。

「ベテラン選手にはどういうアドバイスをしますか？」

の質問には、

「認めてあげることだな。ベテラン選手っていうのはどうしても数字も落ちてくる。でも、今までやって来た実績がある。それを絶対に否定しないで認めてあげることが大切」

と答えてくれました。

この二つの答えのキーワードは「見守る」なんですよね。

そして最後に田代さんはこう話してくれました。

「自分の言葉に責任を持てないコーチが一番ダメ。だからさ、俺は全部メモ取ってるの。忘れちゃうから」

そう言って豪快に笑った田代さん。その豪快さは現役時代のホームランを私に思い出させてくれました。

最終章

目的を達成するためにすべきことは何か

私は大学を卒業後、営業の仕事から塾の世界に転職しました。30代前半から管理職としていろいろな部下を見てきました。

実際に私が経験した話でこの本の最後にしたいと思います。

当時、私が運営していたスクールは生徒減の流れが止まらずにいました。生徒から不満がこぼれてくる先生の名前が2名。一人は私より年齢が上の50代の塾経験が長い男性のK先生。

「あの先生の授業、全然面白くない」

そんな評判でした。失礼ながら「面白み」という意味では生徒が言う通りであり、淡々と授業をする……というより授業をこなしているといった先生でした。

私の見る限り授業の内容は長年の経験上わかりやすいのですが、子供を引き付けるものが不足している印象でした。

もう一人は20代の元気がある女性のS先生。

「元気はあるけれど授業がわからない」

それがこの先生の評判でした。

まさに元気が売り物の先生なのですが、黒板の書き方などもまだまだ未熟さが目立ち、授業がわからないという子供の意見も頷けるものでした。

この二人以外の先生たちは生徒からの評判も良く、私の頭の中はこの二人をどうするかでいっぱいでした。

K先生は生徒の自分の評判に気付いています。おそらく前の塾でも同じような感じだったのでしょう。その評判にも慣れてしまっている印象さえありました。

S先生は生徒の評判に気付いている気配はありません。生徒の評判とは反対に自分は生徒に人気があると感じているようでした。

新年度を迎え、二人の先生と個別に話す機会を設けました。まずはK先生。

私「K先生、今何か悩んでいることはありませんか?」

K先生「いや、特にありませんが……」

私「先生は何のために塾の先生になりましたか?」

K先生「それは生徒さんに勉強の楽しさを知ってほしいからですよ」

私「そうですよね。K先生の授業はとてもわかりやすいと思います」

K先生「でも……今の生徒さんは難しいですよね。わかりやすさだけでは受け入れてもらえない。私は面白いことも言えませんし」

私「あ、悩みを言ってくれましたね。ありがとうございます。勉強の面白さを教えたいというその気持ちが確認できただけで私は嬉しかったです」

この日はこれで話を終えました。次にS先生。

私「S先生、今何か悩んでいることはありませんか?」

S先生「何もありません。生徒さんがなついてくれていて毎日が充実しています」

代名詞でもある元気な声で答えてくれましたが、生徒が授業をわかりづらいと言っていることにはやはり気が付いていません。

私「S先生は何のために塾の先生になりましたか？」

S先生「それはもちろん勉強って楽しいものなんだと知ってほしいからです」

K先生と同じ答えが返ってきました。

私「S先生の授業は本当に元気で明るいですね。ただ生徒さんの何人かから授業がわかりづらいというクレームが出ています」

S先生「そうですか……どうやったらわかりやすい授業になるかをずっと悩んでいるんですけど、もう一回考えてみます」

そうS先生は話してくれました。

二人のいいところをまず認め、仕事の目的を聞いただけです。

この二人の話を聞いた後、私は考え始めました。

「生徒に勉強の楽しさを知ってほしい」

という目的は同じ。

一人は、授業はわかりやすいが面白みに欠ける。

もう一人は、授業は盛り上がるが内容はわかりづらい。

この二人のいいところが混ざれば最高なのだが……と考えていると、

「あっ、そうか混ぜてみればいいんだ」

私の頭の中で物事が一気に走り出していきます。科目は二人とも数学でした。

翌週、私はK先生とS先生に、

「お互いの授業を見学してください。見学した後、また三人で話し合いましょう」

そう伝えました。S先生の授業を見学したK先生は、

「すごくわかりやすかったです。説明の仕方や黒板の取り方まで私に足りないものばかりでした」

そう言って授業の細かい部分をK先生にずっと教わっていました。

K先生の授業を見学したS先生は、

「元気のある授業でした。僕の声の倍ぐらいでしたね、S先生は。僕の授業では生徒があんな笑顔を見せたことはありません。でも面白いことを言えないからな……」

と言った時に、

「マッチ棒のクイズとかどうですか？ 盛り上がりますよ」

とS先生が意見を言ってくれました。

「それなら僕たくさん知っています」

とK先生。

二人はお互いの授業を観察することで自分に何が足りないかを確認し、解決策をつかんだのです。

私は二人にたったひと言だけ伝えました。

「今までのいい部分を必ず残してください。K先生はわかりやすさ。S先生は元気。それがお二人の一番の長所であり武器ですから」

その後、K先生は授業がわかりやすくて楽しい先生。

S先生は授業が元気でわかりやすい先生。

となっていきました。

「勉強の楽しさを伝えたい」

という目的を達成するために二人はまた歩き出しました。

あとがき

少年野球の選手も社員も大人と子供の違いはありますが、「人」であることは変わりません。そして選手と社員を指導する側も「人」であることに変わりません。

人と人である以上思いも考えも違って当たり前なのです。

その違いを埋めるために我々には言葉があります。行動があります。

「あいつは使えない」

「俺たちの時代は……」

このような言葉ではお互いの関係を先に進めることはできません。大切な言葉を愚痴に使うのではなくコミュニケーションの一つとして使うのです。

人と人である以上お互い「心」を持っています。その心を言葉や行動でどう表現していくのか。私自身も会社で同じような悩みを抱えていました。

どうやったら若い世代の子達に目標を持ってもらえるのか。どうしたらモチベーションの低い社員にやり甲斐を持たせることができるのか。ちょうどその悩みを抱えている頃に少年野球の指導者になりました。

チームの目的を考えること、チーム全員が野球を楽しむこと、やる気を失っている選手に前を向かせること……そんなことを考え、実践していくうちに会社でも実践できることが多くあることに気が付きました。

結局行きついたところは子供も大人も「人対人」ということです。

そして「心」が人を動かすということです。

しかし、どうやって部下とコミュニケーションをとっていいのかわからない。どうやったら会社に一体感を持たせればいいのかわからない。

本書はその方法がわからない上司やリーダーの方々に少年野球での具体例を挙げながら話を進めてきました。

この書があなたの上司としてのスキルを上げることになったら幸いです。

年中夢球

年中夢球（本間一平）

学童野球・クラブチームの指導者を20年。人数が少ないチームから県大会優勝・関東大会準優勝に導く。メンタルスペシャリストの資格を取得。「心の野球」をテーマにしたブログが選手・指導者・親に支持されSNSでは60000人以上のフォロワーを持ち、カリスマ的存在となる。2018年に『球育』、2019年に『球極』を刊行、いずれも版を重ねロングセラーとなっている。野球講演家として全国を飛び回り、選手だけでなく指導者や親にも「心の野球」の重要性を講演している。
ブログ・講演会などのお知らせは
https://nenjyu-mukyu.com/から。

なぜ元気な会社には補欠がいないのか？

令和元年12月3日　初版第一刷発行

著　者	年中夢球
発行人	石井聖也
編　集	藤森邦晃
営　業	片村昇一
発行所	株式会社日本写真企画 〒104-0032 東京都中央区八丁堀3-25-10 JR八丁堀ビル6F TEL 03-3551-2643　FAX 03-3551-2370
デザイン	泉 かほり（オンデザイン）
カバー写真	アフロ
写真提供	buchiko、yosshy、米 佳子
印刷所	シナノ印刷株式会社

ISBN978-4-86562-102-0 C0034